工作过程导向的项目课程系列教材

珠宝市场营销

ZHUBAO SHICHANG YINGXIAO

王惊涛 ◉编著

中国地质大学出版社有限责任公司
ZHONGGUO DIZHI DAXUE CHUBANSHE YOUXIAN ZEREN GONGSI

图书在版编目(CIP)数据

珠宝市场营销/王惊涛编著. —武汉:中国地质大学出版社有限责任公司,2012.8(2024.8重印)
工作过程导向的项目课程系列教材
ISBN 978-7-5625-2919-4

Ⅰ.①珠…
Ⅱ.①王…
Ⅲ.①宝石-市场营销学-高等职业教育-教材
Ⅳ.①F724.787

中国版本图书馆 CIP 数据核字(2012)第 157407 号

珠宝市场营销 **王惊涛 编著**

责任编辑:周 华 张 琰 选题策划:张 琰 责任校对:戴 莹

出版发行:中国地质大学出版社(武汉市洪山区鲁磨路 388 号) 邮政编码:430074
电 话:(027)67883511 传 真:67883580 E-mail:cbb @ cug.edu.cn
经 销:全国新华书店 http://www.cugp.cug.edu.cn

开本:787 毫米×1 092 毫米 1/16 字数:192 千字 印张:7.5
版次:2012 年 8 月第 1 版 印次:2024 年 8 月第 7 次印刷
印刷:武汉市天星美润设计印务有限公司 印数:6001—6500 册

ISBN 978-7-5625-2919-4 定价:27.00 元

编审委员会

主　　任：黎德良

副 主 任：王　德

委　　员：侯勇志　王晓沛　汪立极

周蔚红　徐伟雄　朱爱群

郑志军　李勋贵　赵玉林

成亚萍　汤湘林　朱文韬

任　茜　陈耕夫　宋　强

冯兆凯　吴　军　程　森

王秀峰　许　惠　杨国兰

专家顾问：徐国庆

序

中国的职业教育正在经历课程改革的重要阶段。传统的学科型课程被彻底解构，以岗位实际工作能力为取向的课程正在逐步建构起来。在这一转型过程中，出现了两种课程模式，这两种模式看起来很相似，人们也并不注意区分，而实际上存在着重大理论基础差别。表面上二者很相似，是因为它们均强调以岗位实际工作内容为课程内容。国际上已就如何获得岗位实际工作内容取得了共识，那就是以任务分析为方法。这可能是二者最为相似之处，也是人们容易混淆二者的关键所在。

然而极少有人认识到，岗位上实际存着两种任务，即概括的任务和具体的任务。例如对商务专业而言，联系客户是概括的任务，而联系某个特定业务的特定客户则是具体的任务。工业类专业同样存在着这一明显区别，例如汽车专业判断发动机故障是概括的任务，而判断某一辆特定汽车的发动机故障则是具体的任务。当然，许多有见识的课程专家还是敏锐地察觉到了这一区别，如我国的姜大源教授，他使用了写意的任务和写实的任务这两个概念。美国也有课程专家意识到了这一区别并为之困惑。他们提出的问题是："我们强调教给学生任务，可现实中的任务是非常具体的，我们该教给学生哪项任务呢？显然我们是没有时间教给他们所有具体任务的。"

意识到存在这两种类型的任务，是职业教育课程研究的巨大进步，而对这一问题的有效处理，将大大地推进以岗位实际工作能力为取向的课程模式在职业院校的实施。项目课程就是为解决这一矛盾而产生的课程理论。它主张在课程设计中区分两个概念，即课程内容和教学载体。课程内容即要教给学生的知识、技能和态度，它们是形成职业能力的条件(不是职业能力本身)，课程内容的获得要以概括的任务为分析对象；教学载体即学习课程内容的具体依托，它要解决的问题是如何在具体活动中实现知识、技能和态度向职业能力的转化，它的获得要以具体的任务为分析对象。实现课程内容和教学载体的有机统一是项目课程设计的关键环节。

这套教材设计的理论基础即是项目课程。教材是课程的重要构成要素。作为一门完整的课程，我们需要课程标准、授课方案、教学资源、评价方案等，但教材是其中非常重要的构成要素，它是架接课程理念与教学行为的重要桥梁，是综合体现各种课程要素的教学工具。例如好的教材既要体现课程标准，又要能为寻找所需教学资源提供清晰索引，还要能有效地引导学生对教材进行学习和评价。可见教材开发是一项非常复杂的工程，对项目课程的教材开发来说更是如此，因为它没有成熟的模式可循，即使在国外我们也几乎找不到成熟的项目课程教材。然而除这些困难外，项目教材开发还面临着一项艰巨任务，那就是如何实现教材内容的突破，如何把现实中非常实用的工作知识有机地组织到教材中去。

这套教材在以上这些方面都进行了谨慎而又积极的尝试，其开发经历了一个较长的过程（约4年时间）。首先，教材开发者们组织企业专家，以专业为单位对相应职业岗位上的工作任务与职业能力进行了细致而有逻辑的分析，并以此为基础重新进行了课程设置，撰写了专业教学标准以使课程结构与工作结构更好的吻合，最大限度地实现职业能力培养。其次，教材开发者们以每门课程为单位，进行了课程标准与教学方案开发，在这一环节中尤其突出了项目载体的选择和课程内容的重构。项目载体的选择要求具有典型性，符合课程目标的要求，并体现该门课程的学习逻辑。课程内容则要求真正地描绘出实施项目所需要的专业知识，尤其是现实中的工作案例。在取得以上课程开发基础研究的完整成果后，教材开发者们才着手进行了这套教材的编写。

经过模式定型、初稿、试用、定稿等一系列复杂的阶段，这套教材终于得以诞生。它的诞生是我国项目课程改革中的重要事件，这既因为它很好地体现了项目课程思想，无论在结构还是内容方面均达到了高质量教材的要求；也因为它所覆盖的专业之广，涉及的课程之多，为以往类似教材之所无，其系统性将极大地方便教师对项目课程的实施；还因为其开发遵循了以课程研究为先导的教材开发范式。一个国家、一个专业、一门课程，其教材建设水平实际体现的是课程研究水平，而最终又要直接影响到其教育、教学水平。

当然，这套教材也不是十全十美的，我想教材开发者们也会认同这一点。来美国之前我就抱有一个强烈愿望，希望看看美国的职业教育教材是什么样子，因此每到一所学校考察必首先关注其教材，然而往往也是失望而回。在美国确实有许多优秀教材，尤其是普通教育教材，设计得非常严密，其考虑之精细令人赞叹，而其职业教育教材也往往只是一些参考书。美国教授对传统职业教育教材也多有批评，有些教授认为这种教材只是信息的堆砌，而非真正的教材，教材应体现学与教的过程。如此看来，职业教育教材建设是全球所面临的共同任务。这套教材的开发者们一定会为了这一任务继续努力，因此他们定会欢迎老师们和同学们对教材的不足之处进行批评指正。

徐国庆

2010年9月25日于美国俄亥俄州立大学

前 言

国内珠宝市场30多年来发展迅猛，每年均保持两位数的增长率，2009年国内珠宝市场销售总额突破2 000亿元大关，2010更是超过2 400亿元，同比增长15%左右。市场的快速增长带来激烈的竞争，国外珠宝奢侈品牌、香港知名珠宝品牌以及内地本土珠宝品牌共同争夺珠宝市场这块诱人的“大蛋糕”。而内地的本土珠宝品牌多数产品同质化，品牌不突出，品牌附加值不高。面对激烈的市场竞争，珠宝企业越来越注重市场营销，不断地提高营销及管理水平。

“珠宝市场营销”是珠宝营销专业及其相关专业的一门重要专业课程。《珠宝市场营销》一书一方面针对高等职业院校珠宝营销专业及其相关专业，另一方面也面向广大珠宝企业相关营销人员。本书以珠宝市场营销中的典型工作任务为中心，以国内珠宝市场中最常见的钻石市场营销作为项目来引领，通过完成钻石市场营销项目来掌握珠宝营销知识和营销技能。

本书与传统的珠宝市场营销类书籍相比，具有鲜明的特色，主要体现在以下几个方面：

第一，设计新颖。打破传统的以传授理论为主线，取而代之以珠宝市场营销的工作过程为主线贯穿全书。选取珠宝市场营销中最常见的钻石市场营销作为项目，该项目分解为钻石营销环境分析、钻石市场定位和钻石4P营销策略制定3个子项目，每个子项目又细分为若干个工作任务。以项目为引领，将知识、方法、过程和具体的任务联系起来，能够更好地掌握珠宝营销知识和营销技能。

第二，贴近珠宝企业实际。通过向大量珠宝企业调研，精心设计了工作项目及工作任务，实用性强，能够满足珠宝企业市场营销的实际需求。

第三，针对性强。本书精选了近几年来珠宝行业的经典营销案例，案例新，具有很强的针对性、代表性和启发性。

本书由王惊涛编著，编者担任珠宝营销专业教师多年，并参与多个珠宝企业的营销咨询及培训，有丰富的珠宝企业营销实践经验和扎实的营销理论知识。

本书在编写过程中参考了大量的相关文献，得到了很多专家的指导，在此致以诚挚的谢意。

由于编者自身的学识水平和实践经验有限，书中定有疏漏和不妥之处，敬请有关专家及广大业内人士不吝赐教，以便进一步改进和提高。

编　者

2012 年 5 月于深圳

目　　录

项目介绍

深圳的经济发展水平位居全国前列，具有鲜明的移民文化特色，同时又是全国规模最大的珠宝首饰生产基地、贸易集散地和信息中心，可谓天时、地利、人和，成为珠宝商家的必争之地。

某珠宝公司是华东地区一家大型的珠宝连锁企业，主营钻石饰品，已拥有珠宝行业知名品牌。为了抢占华南市场，进一步打造品牌，该珠宝公司经过周密的市场分析，决定进入深圳钻石市场，推出全新品牌并开设华南地区首家品牌旗舰店，逐步辐射珠三角。为了应对激烈的市场竞争，该珠宝公司需制定行之有效的深圳钻石市场营销策略，以期在深圳钻石市场取得不低于30%的市场占有率，并使年销售额突破1 000万元。

子项目一　钻石市场宏观营销环境分析

项目介绍

深圳市场对于某珠宝公司来说是一个新的市场，分析营销环境成为制定营销策略的第一步，需要了解各种宏观及微观环境要素对该珠宝公司的影响，制定相应的应对措施。

项目目标与要求

- 了解钻石市场宏观营销环境的构成要素
- 熟悉各环境要素对企业的影响
- 能够撰写钻石市场宏观营销环境分析报告

项目工作任务

- 钻石市场宏观营销环境分析
- 钻石市场微观营销环境分析

工作任务1　钻石市场宏观营销环境分析

项目目标与要求

- 了解钻石市场宏观营销环境的构成要素
- 熟悉各环境要素对企业的影响
- 能够撰写钻石市场宏观营销环境分析报告

1.1　案例解析

【案例 1－1】 深圳情石珠宝公司宏观营销环境分析报告(节选)

深圳珠宝宏观营销环境分析

深圳市位于广东省中南沿海地区，珠江口之东。东临大鹏湾，西接珠江口，北靠东莞、惠州两市，南邻香港，全市面积 1 948.69 平方千米。深圳市分为罗湖、福田、南山、盐田、龙岗、宝安、光明、坪地共 8 个区。

深圳是广东珠宝行业集聚地，也是全国黄金、珠宝、玉石产业集聚地，从设计到生产加工、营销以及相关的配套产品、配套服务，深圳都能够全方位地提供。深圳以罗湖区水贝片区为核心形成了中国乃至全球的黄金珠宝集散中心及销售中心，已经汇集了 2 300 多家各类珠宝企业，建成了 14 个大型国际珠宝交易中心和珠宝批发专业市场，占中国内地全年珠宝首饰销售额的 70%以上。

1）人口环境

深圳是全国最年轻的城市，人口平均年龄不到 30 岁。截至 2011 年 5 月 18 日，累计登记流动人口 1 200.55 万人，加上现有 246 万常住人口，深圳总人数近 1 450 万。

在年龄构成上看：15～64 岁的人口最多，占 90.39%；0～14 岁人口占 8.5%；65 岁以上的人口为 7.8 万人，占 1.11% 。全市常住人口中，男性人口占 54.2%；女性人口占 45.8%。深圳人口结构已经从“男少女多”变成“男多女少”。

深圳人口数量庞大，满足新增人口的消费需求是促进经济快速增长的动力。市场需求的增长意味着珠宝等奢侈品的市场也会扩大。而本公司产品主要针对的又是年轻一族，开发年轻人的市场是十分有潜力的。因此深圳人口的年龄结构为本公司产品销售及公司的长远发展提供了有利条件。针对目前人口结构男多女少，本公司也要推出一些男性珠宝产品。

2）经济环境

据国家统计局资料显示，深圳2010年国民生产总值(GDP)达到9 510.91亿元，位列全国第四，地方财政位列全国第三。2010年深圳GDP增长12.0%，2010年深圳市居民人均可支配收入为29 245元，为全国最高(可支配收入是指税后收入)。恩格尔系数(食品支出占消费支出的比重)从2005年的36.7%下降至2010年的35.7%，下降1.0个百分点。

截至2010年底，深圳珠宝全行业注册各类珠宝公司超过2 300家，自有品牌2 400多个，从业人员超过12万人，年加工总值超过800亿元，已拥有26个中国名牌产品，成为名副其实的中国珠宝名牌之都。

在深圳珠宝展持续推动产业发展的大环境下，深圳市黄金珠宝产业集聚基地于2004年8月成立。截至2011年8月，在各类产品销售中，金银珠宝类增长63.4%，成为增长最快的销售品。

深圳经济水平发展迅速稳定，恩格尔系数逐渐下降，深圳居民有能力将更多的资金投入到珠宝首饰上，为本公司提供了良好的经济发展土壤。

3）文化环境

深圳是个移民城市，大家都来自五湖四海，所以在深圳可以看到各地的风俗习惯和民俗文化，特别是潮汕文化和客家文化。一些西方的节日如情人节、圣诞节和日常礼仪、社交用语等已经被深圳人广泛接受下来。深圳人非常注重文化，相信"文化改变生活"。深圳文化活动种类繁多，主要有"中国(深圳)国际文化产业博览交易会"、"深圳读书月"、"市民文化大讲堂"、"深圳外来青工文化节"、"深圳社科文化普及周"等文化活动。此外，"中国(深圳)国际钢琴协奏曲大赛"、"深圳沙滩音乐节"、"'鹏城金秋'艺术节"、"深圳国际旅游文化节"、"青春之星电视大赛"等数十个文化节庆活动在深圳也有广泛影响，深受市民喜爱。深圳也是个多方言的城市，汇集了全国方言(潮汕话、白话、客家话、四川话偏多)，外语主要是英语。多元的文化背景给本公司带来了更多的创作源泉和商机，针对本公司的钻石产品也应有多元素的设计，融合多种民族文化，将传统文化与时尚潮流共冶一炉。

问题讨论：珠宝宏观营销环境包括哪些影响因素？

____

____

____

1.2 知识链接

珠宝市场营销环境是指与珠宝企业营销活动有潜在关系的所有外部力量和相关因素的集合，它是影响珠宝企业生存和发展的各种外部条件。

珠宝企业市场营销环境的内容既广泛又复杂，不同的因素对营销活动各个方面的影响和制约也不尽相同，同样的环境因素对不同的企业所产生的影响和形成的制约也会大小不一。一般来说，市场营销环境主要包括两方面的构成要素：一是宏观环境要素，即影响企业宏观环境的巨大社会力量，包括人口、经济、政治、法律、科学技术、社会文化等多方面的因素；二是微观环境要素，即指与企业紧密相连、直接影响其营销能力的各种参与者，包括企业的供应商、中间商、顾客、竞争者以及社会公众和企业内部公众。

1.2.1 人口环境

人口是构成市场的第一因素，因为市场是由那些想购买产品同时又具有购买力的人构成的。因此，人口的多少直接决定市场的潜在容量，人口越多，市场规模就越大。而人口的年龄结构、地理分布、婚姻状况、出生率、死亡率、人口密度、人口流动性及其文化教育等人口特性会对市场格局产生深刻影响，并直接影响企业的市场营销活动和企业的经营管理。

1）人口数量与增长速度对珠宝企业营销的影响

预计世界人口将以每年 8 000 万～9 000 万的速度增长，其中 80%的人口属于发展中国家。众多的人口及人口的进一步增长，给珠宝企业带来了市场机会，也带来了威胁。首先，人口数量是决定市场规模和潜在容量的一个基本要素，人口越多，如果收入水平不变，则对各种商品包括珠宝首饰的需求量也越大，那么市场也就越大。因此，按人口数目可大致推算出市场规模。我国人口众多，无疑是一个巨大的市场。例如，我国已经成为世界黄金消费第一大国，钻石消费全球第二，很大程度上是由于我国 13 亿的巨大人口数量导致的。

2）人口结构对珠宝企业营销的影响

人口结构主要包括人口的年龄结构、性别结构、家庭结构、社会结构以及民族结构。

(1)年龄结构

不同年龄的消费者对珠宝首饰的需求不一样。比如年轻人喜欢较亮丽、明艳的色彩以及新颖的款式；中年人追求材料华贵、造型典雅、简约的首饰；老年人则偏爱较深的色调，款式上较为注重传统型，如高档的珍珠首饰、名贵的宝石、黄金首饰以及多件套饰等，象征健康、富贵、长寿，具有珍奇、稀少和富有文化意蕴等特点。

(2)性别结构

性别结构反映到市场上就会出现男性市场和女性市场。例如珠宝首饰产品主要是针对女性市场，女性的人口比例就会很大程度影响到珠宝首饰的营销。

(3)家庭结构

家庭是购买、消费的基本单位，家庭的数量直接影响到某些产品的数量。欧美国家的家庭规模户均3人左右，亚非拉等发展中国家户均5人左右。家庭数量的剧增必然会引起对婚庆珠宝、住房、家用电器等需求的迅速增长。

(4)民族结构

民族不同，其生活习性、文化传统也不相同。因此，珠宝企业要注意民族市场的营销，重视开发适合各民族特性、受其欢迎的珠宝产品。例如不同民族对珠宝首饰的需求都有所不同，尤其在民族较多的地区开展珠宝营销时更要重视。

(5)民族结构

民族不同，其生活习性、文化传统也不相同。因此，珠宝企业要注意民族市场的营销，重视开发适合各民族特性、受其欢迎的珠宝产品。例如不同民族对珠宝首饰的需求都有所不同，尤其在多民族地区开展珠宝营销时更要重视。

3) 人口的地理分布及区间流动对珠宝企业营销的影响

地理分布指人口在不同地区的密集程度。人口的这种地理分布表现在市场上，就是人口的集中程度不同，消费习惯不同，因而市场大小不同，市场需求特性也不同。比如北京、上海、广州、深圳等一线城市的人口比较集中，珠宝消费理念也比较成熟，消费能力相对高一些，对珠宝首饰的需求相对其他城市有所不同，在款式、种类上会更接近欧美国家。

1.2.2 经济环境

经济环境指珠宝企业营销活动所面临的外部社会条件，其运行状况及发展趋势会直接或间接地对企业营销活动产生影响。

1) 直接影响营销活动的经济环境因素

购买力水平是市场形成并影响其规模大小的决定因素，也是影响珠宝企业营销活动的直接经济环境。它主要包括以下几方面。

(1)消费者收入水平的变化

消费者的购买力来自消费者的收入，但消费者并不是把全部收入都用来购买珠宝首饰，购买力只是收入的一部分。因此，在研究消费收入时，要注意以下几点：

①国民生产总值(GDP)。它是衡量一个国家经济实力与购买力的重要指标。从国民生产总值的增长幅度，可以了解一个国家经济发展的状况和速度。

②人均国民收入。这是用国民收入总量除以总人口的比值。这个指标大体反映了一个国家人民生活水平的高低，也在一定程度上决定商品需求的构成。一般来说，人均收入增长，对珠宝类消费品的需求和购买力就增大；反之，就减小。

③个人可支配收入。这是在个人收入中扣除税款和非税性负担后所得余额，它是个人收入中可以用于消费支出或储蓄的部分，它构成实际的购买力。

④个人可任意支配收入。这是在个人可支配收入中减去用于维持个人与家庭生存不可缺少的费用(如房租、水电、食物、衣着等开支)后剩余的部分。这部分收入是消费需求变化中最活跃的因素，也是珠宝企业开展营销活动时所要考虑的主要对象。因为这部分收入主要用于满足人们基本生活需要之外的开支，一般用于购买高档耐用消费品如珠宝

首饰、旅游、储蓄等。

⑤家庭收入。家庭收入的高低会影响很多产品的市场需求。一般来讲，家庭收入高，对珠宝类消费品需求大，购买力也大；反之，需求小，购买力也小。

(2)消费者支出模式和消费结构的变化

随着消费者收入的变化，消费者支出模式会发生相应变化，继而使一个国家或地区的消费结构也发生变化。西方一些经济学家常用恩格尔系数来反映这种变化。恩格尔系数的计算公式如下：

恩格尔系数＝食物支出变动百分比/收入变动百分比

食物开支占总消费量的比重越大，恩格尔系数越高，生活水平越低；反之，食物开支所占比重越小，恩格尔系数越小，生活水平越高。恩格尔系数是衡量一个国家、地区、城市、家庭生活水平高低的重要参数。联合国根据恩格尔系数的大小，对世界各国的生活水平有一个划分标准，即一个国家平均家庭恩格尔系数大于60％为贫穷；50％～60％为温饱；40％～50％为小康；30％～40％属于相对富裕；20％～30％为富裕；20％以下为极其富裕。

(3)消费者储蓄和信贷情况的变化

消费者的购买力还要受储蓄和信贷的直接影响。当收入一定时，储蓄越多，现实消费量就越小，但潜在消费量愈大；反之，储蓄越少，现实消费量就越大，但潜在消费量愈小。这就要求珠宝企业营销人员在调查、了解储蓄动机与目的的基础上，制定不同的营销策略，为消费者提供有效的产品。

2）间接影响营销活动的经济环境因素

除了上述因素直接影响企业的市场营销活动外，还有一些经济环境因素也对珠宝企业的营销活动产生或多或少的影响。如企业的市场营销活动要受到一个国家或地区的整个经济发展水平的制约。经济发展阶段不同，居民的收入不同，顾客对产品的需求也不一样，从而会在一定程度上影响企业的营销。珠宝企业对于北京、上海、深圳等一线城市和内地一些二、三线城市的珠宝营销应采取不同的市场营销策略。

1.2.3 技术环境

科学技术是社会生产力的新的和最活跃的因素，作为营销环境的一部分，科技环境不仅直接影响企业内部的生产和经营，还同时与其他环境因素互相依赖、相互作用，特别与经济环境、文化环境的关系更紧密，尤其是新技术革命，给珠宝企业市场营销既造就了机会，又带来了威胁。例如近年来在国内兴起的无边镶宝石镶嵌技术就为很多珠宝企业带来了新的商机。

1.2.4 政治与法律环境

政治与法律是影响珠宝企业营销的重要宏观环境因素。政治因素像一只有形之手，调节着企业营销活动的方向，法律则为企业规定活动行为准则。政治与法律相互联系，共同对珠宝企业的市场营销活动发挥影响和作用。

1）政治环境因素

政治环境指珠宝企业市场营销活动的外部政治形势以及国家方针政策的变化对市场营销活动带来的或可能带来的影响。

(1)政治局势

政治局势指企业营销所处的国家或地区的政治稳定状况。一个国家的政局稳定与否会给企业营销活动带来重大的影响。如果政局稳定，生产发展，人民安居乐业，就会给企业造成良好的营销环境；相反，政局不稳，社会矛盾尖锐，秩序混乱，这不仅会影响经济发展和人民的购买力，而且对企业的营销心理也有重大影响。战争、暴乱、罢工、政权更替等政治事件都可能对企业营销活动产生不利影响，能迅速改变企业环境。因此，社会是否安定对企业的市场营销关系极大，尤其是对属于奢侈品行业范畴的珠宝企业来讲，安定的政治环境尤为重要。

(2)方针政策

各个国家在不同时期，根据不同需要颁布一些经济政策，制定经济发展方针，这些方针、政策不仅影响本国企业的营销活动，而且还影响外国企业在本国市场的营销活动。我国已经颁布了一系列珠宝行业相关的方针政策，例如《中华人民共和国金银管理条例》，黄金珠宝首饰进出口政策、税收政策等。珠宝企业制定营销策略时需要熟悉并认真执行这些国家相关政策。

2）法律环境因素

对企业来说，法律是评判企业营销活动的准则，只有依法进行的各种营销活动，才能受到国家法律的有效保护。因此，珠宝企业开展市场营销活动，必须了解并遵守国家或政府颁布的有关经营、贸易、投资等方面的法律、法规。如果从事国际营销活动，企业就既要遵守本国的法律制度，还要了解和遵守市场国的法律制度和有关的国际法规、国际惯例和准则。这方面因素对国际企业的营销活动有深刻影响，如《公司法》、《广告法》、《商标法》、《经济合同法》、《反不正当竞争法》、《消费者权益保护法》、《产品质量法》、《外商投资企业法》等，也对规范珠宝企业的营销活动起到了重要作用。

1.2.5 社会与文化环境

社会文化环境是指在一种社会形态下已经形成的信息、价值、观念、宗教信仰、道德规范、审美观念以及世代相传的风俗习惯等被社会所公认的各种行为规范。具有明显的民族性、地区性。珠宝企业的营销人员应分析、研究和了解当地市场的文化传统、价值观、宗教信仰、语言文字等，制定相适应的营销策略。比如在很多一线城市，西方的情人节已经被消费者广泛接受，成为珠宝企业促销的重要节日，情人节当天单店营业额突破百万元已经不是神话。

1.3 任务实施

任务：分析某珠宝深圳钻石市场的宏观营销环境，完成钻石市场宏观营销环境分析报告。

任务实施步骤：

1. 分析深圳钻石市场宏观营销环境要素。

2. 市场调研，分析各环境要素对某珠宝的影响。

3. 撰写深圳钻石市场宏观营销环境分析报告。

报告要求及评分标准见表1－1。

表1－1　报告要求及评分标准

环境要素全面	25％
分析深入	35％
数据准确、详实	30％
文字规范、简洁	10％

延伸阅读

1）珠宝市场营销的核心概念

（1）珠宝市场营销（jewellery marketing）的概念（图1－1）

■ 是引导珠宝产品从珠宝企业到珠宝消费者所进行的企业活动。

■ 是在适当的时间、适当的地方、以适当的价格为适当的消费者提供适当的珠宝产品。

（2）市场

由那些有特定需求，愿意并且能够通过交换来满足这种需求的全部购买者构成的总和。即：市场＝购买人群 ＋ 购买力 ＋ 购买欲望。

（3）需要、欲望、需求

需要：没有得到某些基本满足的感受状态，例如想让自己变得美一些。

欲望：想得到这些基本需要的具体满足物的愿望，例如想去买珠宝首饰。

需求：对有购买能力并愿意购买的某个具体产品的欲望，例如想买一款钻石吊坠。

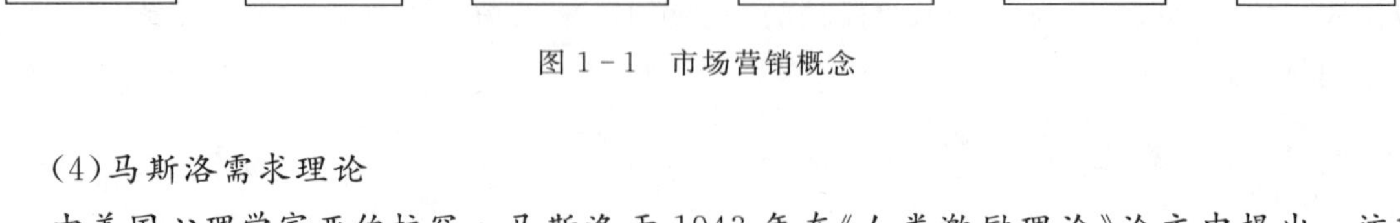

图1－1　市场营销概念

（4）马斯洛需求理论

由美国心理学家亚伯拉罕·马斯洛于1943年在《人类激励理论》论文中提出。该理论将需求分为5种，像阶梯一样从低到高，按层次逐级递升，分别为：生理上的需求、安全上的需求、情感和归属的需求、尊重的需求和自我实现的需求，如图1-2所示。

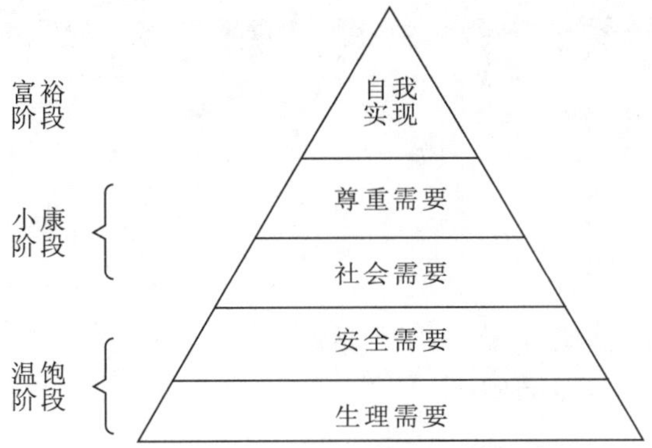

图1-2　马斯洛需求理论金字塔

(5)产品

任何可以满足人类某种需要或欲望的东西，可分为有形和无形。

2）市场营销发展新趋势

(1)关系营销

通过建立、维系与各类公众的长期良好的伙伴关系，充分强化和利用各种形式的关系及网络来开展的营销活动。关系营销的核心是顾客满意。

(2)服务营销

一种在市场营销过程中强调服务和服务人员作用的市场营销方式，多用于服务业，如餐饮、电信、银行等。

(3)整合营销

通过对各种营销工具和手段的系统化结合，根据环境变化进行动态修正。整合营销提出"4C"概念，即客户(customer)、销售渠道(channel)、竞争(competition)和公司(company)。

(4)网络营销

以互联网技术为基础，通过与消费者在网上的直接接触和双向互动的沟通，最大限度地满足消费者需求的市场营销。

(5)绿色营销

企业以可持续发展思想为理念，以环境保护作为价值观，以消费者的绿色消费为中心和出发点。

工作任务2　钻石市场微观营销环境分析

项目目标与要求

- 了解钻石市场微观营销环境的构成要素
- 熟悉各环境要素对企业的影响
- 能够撰写钻石市场微观营销环境分析报告

2.1　案例解析

【案例 2－1】　深圳情石珠宝公司营销环境分析报告（节选）

深圳珠宝宏观营销环境分析

1）供应商和中间商

由于本公司是生产、销售一条龙式的服务，所以中间商是不存在的。本公司的供应商为泰国最大的彩色宝石供应商，该供应商的彩色宝石直接来自矿山，自行切磨。原材料的优势使本公司的产品价格更具有竞争力。

2）消费者

由图 2－1 可见，深圳人口以年轻人为主，而本公司产品的主要消费人群为 15～35 岁的年轻群体，在深圳市场彩色宝石具有很大的消费潜力。

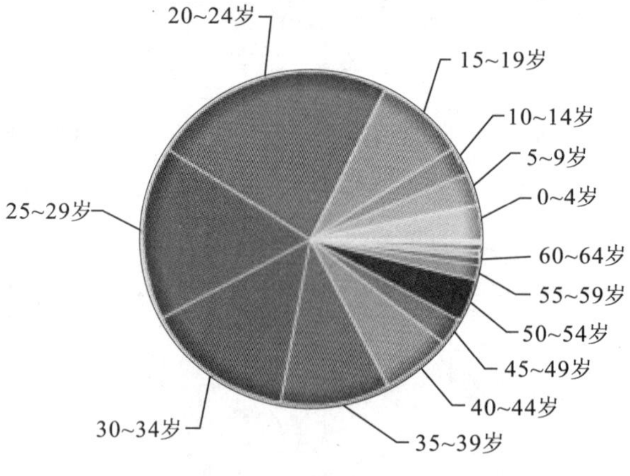

图 2－1　深圳人口各年龄阶段比重构成

3）竞争者

(1)愿望竞争者

据百度文库提供2010年最新统计资料显示：随着生活水平的提高，消费者对金银珠宝饰品的需求日益增加，金银珠宝饰品等个人用品支出增长较快。据调查资料，深圳居民消费珠宝饰品的愿望也是与日俱增，这对珠宝公司来说是非常有利的。

(2)类别竞争者

随着消费多元化的出现，中国的首饰市场从最初的一片黄发展到一片白，直到多彩时代的出现，是大势所趋。摆脱钻石的昂贵，彩色宝石的价格会更加适合深圳年轻人群，让珠宝消费者投资、购买更轻松。对深圳的彩色宝石市场来说，这是一个大好的发展机会。

(3)产品竞争者

深圳市场上经营珠宝的企业产品以手链、项链、手镯、戒指为主。本公司经营的产品种类多样化，除了大众化的手链、项链、手镯、戒指，还有新颖的类别，比如头饰、腰饰、脚饰、耳饰等，也可自行创意订做，因此，本公司产品竞争较小。

(4)品牌竞争者

深圳珠宝市场经营彩色宝石的公司多为世界级奢侈品牌，价格昂贵，并不适合所有的年轻人群。本公司所受到的品牌竞争多为中等档次的珠宝品牌，主要有周大生、仙路等品牌。这些产品虽然价格适中，但产品款式设计不够新颖、大胆、有个性。所以本公司对于品牌竞争还是有信心的。

问题讨论：珠宝企业微观营销环境中最重要的影响因素是什么？

____

____

____

2.2 知识链接

珠宝企业的微观营销环境主要由供应商、营销中介、顾客、竞争对手、社会公众以及企业内部参与营销决策的各部门组成。公司微观环境的主要行动者如图2-2所示。

供应商──→企业──→营销中介──→顾客这一链条构成了企业的核心营销系统。一个企业的成功与否，还受到另外两个群体的影响，即竞争对手和公众。

1）企业

企业的市场营销是由市场部和销售部管理的，主要由品牌经理、营销研究人员、广告

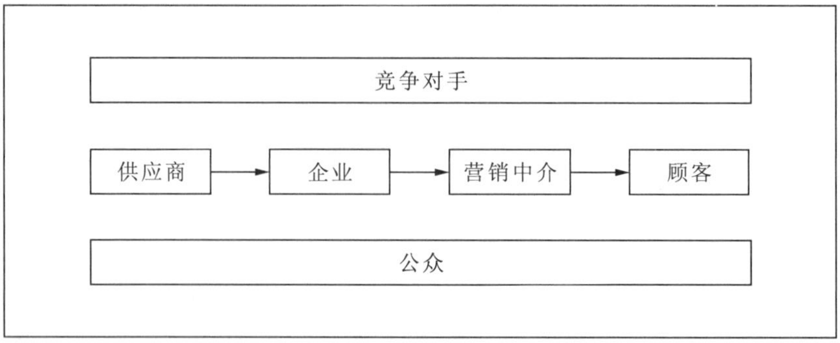

图 2-2　公司微观环境的主要行动者

及促销专家、销售经理及销售代表等组成。其中，市场部负责制定现有各个产品、各个品牌及新产品、新品牌研究开发的营销计划；销售部负责执行市场部制定的营销计划，把产品销售给顾客。

2）供应商

供应商是影响企业营销的微观环境的重要因素之一。供应商是指向企业提供产品所需资源的企业或个人。供应商所提供的资源主要包括原材料（如钻石、彩色宝石、贵金属等）、设备（如柜台、道具、加工工具等）、资金等。

供应商对企业营销活动的影响主要表现在以下几方面。

(1)供货的稳定性与及时性

原材料、设备等货源的保证，是企业营销活动顺利进行的前提。如珠宝首饰加工企业就需要稳定的珠宝原料供应商、贵金属供应商、加工设备供应商等。

(2)供货的价格变动

毫无疑问，供货的价格直接影响企业的成本。如果供应商提高原材料价格，企业亦将被迫提高其产品价格，由此可能影响到企业的销售量和利润。近年来，由于天然宝玉石资源的不可再生性和稀缺性，天然宝玉石原料价格逐年攀升，由此引起珠宝首饰的价格逐年攀升。例如钻石首饰的价格每年的涨幅均在 15%以上。

(3)供货的质量水平

供应货物的质量直接影响到企业产品的质量。珠宝企业在寻找和选择供应商时，应特别注意两点：第一，企业必须充分考虑供应商的资信状况。要选择那些能够提供品质优良、价格合理的资源，交货及时，有良好的信用，在质量和效率方面都信得过的供应商。并且要与主要供应商建立长期稳定的合作关系，以保证企业生产资源供应的稳定性。第二，企业必须使自己的供应商多样化。企业过分依赖一家或少数几家供货人，受到供应变化的影响和打击的可能性就大。为了减少对企业的影响和制约，企业就要尽可能多地联系供货人，向多个供应商采购，尽量注意避免过于依靠单一的供应商，以免当与供应商的关系发生变化时企业陷入困境。目前，钻石供应商主要有 DTC 的看货商及其他钻石批发企业等。DTC看货商的价格成本较低，但数量较少，国内企业很少有资格成为看货商，多数是二级、甚至三级的钻石批发商。

3）营销中介

营销中介是协助珠宝企业推广、销售和分配产品给最终顾客的那些企业，包括中间商、实体分配公司、营销服务机构及金融机构等。

（1）中间商

中间商是协助企业寻找顾客或直接与顾客进行交易的商业企业。中间商分两类：代理中间商和经销中间商。代理中间商如代理人、经纪人、制造商代表等，专门介绍顾客或与顾客磋商交易合同，但并不拥有产品持有权。经销中间商如批发商、零售商和其他再售商，购买产品，拥有产品持有权，再售产品。中间商对企业产品从生产领域流向消费领域具有极其重要的影响。在与中间商建立合作关系后，要随时了解和掌握其经营活动，并可采取一些激励性的合作措施，推动其业务活动的开展，而一旦中间商不能履行其职责或市场环境变化时，企业应及时解除与中间商的关系。珠宝行业常见的中间商主要是各连锁经营的加盟商、从事二级批发的批发商以及零售商等。

（2）实体分配公司

实体分配公司协助企业储存产品和把产品从原产地运往销售目的地。主要包括仓储公司和运输公司。仓储公司是在货物运往下一个目的地前专门储存和保管商品的机构。运输公司包括从事铁路运输、汽车运输、航空运输、驳船运输以及其他搬运货物的公司，它们负责把货物从一地运往另一地。珠宝首饰由于体积小，便于携带，因此珠宝企业很少使用仓储公司，更多的是和运输公司合作。最常见的有快递公司、民航运输等，以实现产品的配送和流通。

（3）营销服务机构

营销服务机构指市场调研公司、广告公司、各种广告媒介及营销咨询公司，它们协助珠宝企业选择最恰当的市场，并帮助企业向选定的市场推销产品。有些大的珠宝企业设有自己的广告部门和市场调研部门。但是，大多数珠宝企业都是与专业的广告公司、调研公司以及咨询公司等以合同方式委托办理这些事务。近年来，珠宝业内也兴起了很多专业的广告公司、培训公司、市场咨询公司等。

（4）金融机构

金融机构包括银行、信贷公司、保险公司以及其他为货物购销提供融资或保险的各种公司。公司的营销活动会因贷款成本的上升或信贷来源的限制而受到严重的影响。珠宝行业是资金密集型行业，其经营特点决定了广大珠宝企业有强烈的融资需求。近几年来，深圳珠宝业的部分龙头企业先后联合成立了银联宝、中金创展、厚德源担保投资有限公司等第三方担保公司，提供相关金融服务。各商业银行也纷纷推出珠宝行业特色金融服务，如工商银行、招商银行的钻石投资等。

4）顾客

顾客是企业的上帝，了解顾客才能真正赢得市场。

(1)消费者购买动机的形成

①消费者、购买动机。

消费者是指购买、使用各种产品与服务的个人或组织。动机(motivation)是由伍德沃斯(R. Wood-worth)于1918年率先引入心理学的,他把动机视为决定行为的内在动力。购买动机即消费者购买商品的内在动因。

②购买动机的形成。

人们从事任何活动都由一定动机引起。引起动机有内外两类条件,内在条件是需要,外在条件是诱因(图2-3)。

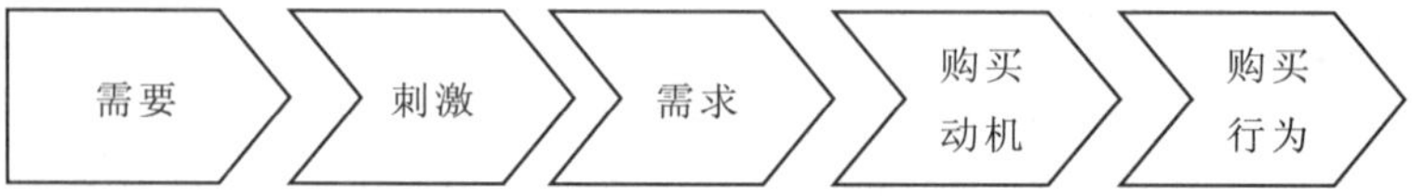

图2-3 购买动机的形成

(2)消费者购买珠宝的动机类型

①求美动机。

指消费者以追求珠宝首饰的欣赏价值和艺术价值为主要倾向的购买动机。重视珠宝首饰的颜色、款式、包装等因素,讲究造型美和艺术美。求美动机的核心是讲求赏心悦目,注重美化作用和美化效果。求美动机在教育程度较高的群体以及从事文化、教育等工作的人群中是比较常见的。

②求新动机。

指消费者以追求珠宝首饰的时尚、新颖、奇特为主导倾向的购买动机。注重珠宝首饰的款式、色泽、流行性、独特性与新颖性,而质量、价格等成为次要的考虑因素。在收入水平比较高的人群以及青年群体中,求新的购买动机比较常见。

③求名动机。

指以追求名牌、高档珠宝首饰,借以显示或提高自己的身份、地位而形成的购买动机。此类消费者购买珠宝首饰时,强调首饰与自身地位、身份的一致性。具有此种购买动机的顾客具有较强的经济实力和一定的社会地位,是高档珠宝首饰的消费者。

④纪念动机。

出于纪念的心理购买珠宝首饰。消费者在选购珠宝首饰时强调珠宝首饰的纪念意义、象征意义。借助首饰纪念重要节日,如结婚纪念日、生日和情人节等。

⑤馈赠动机。

购买珠宝首饰用于馈赠他人。一般对珠宝首饰的价格、款式、象征意义、质量等要求较高。

⑥收藏动机。

指出于职业或爱好形成对珠宝首饰收藏的爱好,如收集戒指、收藏玉石印章等。

⑦模仿或从众动机。

指在购买珠宝时自觉不自觉地模仿他人的购买行为而形成的购买动机。有模仿动机的消费者，其购买行为受他人的影响比较大。普通消费者的模仿对象多是社会名流或其所崇拜、仰慕的偶像。

⑧求廉动机。

指消费者以追求珠宝的价格低廉为主导倾向的购买动机。以价格为第一考虑因素，对珠宝首饰的质量、花色、款式、包装、品牌等不是十分挑剔，而对降价、折让等促销活动抱有较大兴趣。

⑨投资动机。

购买珠宝首饰是用于投资。珠宝不仅美丽迷人、小巧、便携便存，而且价值极高，具有很强的保值性及增值空间。有的国家将一些名贵的宝石列入国家银行储备，充当起比黄金还要坚固的"硬通货"。此类消费者将珠宝首饰消费作为一项特殊的投资，如钻石投资、翡翠投资等。

(3)珠宝首饰消费者购买行为模式

①5W1H。

■ 为什么购买(why)——购买动机。

■ 购买什么(what)——购买产品的种类、款式、品牌等。

■ 何时购买(when)——购买的时间，如季节、节假日、立即/延期。

■ 何地购买(where)——购买地点，如百货商场、专卖店、超市、网络、电视等。

■ 由谁购买(who)——购买人，包括发起者、影响者、决策者、购买者、使用者等。

■ 怎样购买(how)——购买的方式，如卖场购买、电话购物、网上购物、分期付款等。

②购买行为类型。

■ 习惯型。此类型消费者对于珠宝首饰只偏爱其中一种或几种，只购买自己比较熟悉和信任的珠宝首饰，经常重复购买。

■ 理智型。此类型消费者购买之前要经过考虑，注重了解，购买时比较慎重，不易受广告、宣传、包装、促销等影响。

■ 价格型。此类型消费者对价格敏感，经常货比三家，追求低价。

■ 冲动型。此类型消费者易受到珠宝首饰的外观、包装、广告等外界因素的影响而产生购买行为。不大考虑价格，从个人情趣出发，成交迅速。

■ 想象型。此类型消费者想象力丰富，对珠宝首饰的外观、造型、颜色、名称等很重视，只要符合自己的理想就购买。

■ 炫耀型。此类型消费者以摆阔气，求得别人羡慕为目的的消费。对珠宝首饰的实际使用价值并不注意，喜欢购买高价产品。

■ 疑虑型。此类型消费者购买时反复挑选，犹豫不决，时常终止购买行为。

5）竞争者

竞争者是那些与本企业提供的产品相似、并且所服务的目标顾客也相似的其他企业。

一个企业很少能单独为某一市场服务，企业总是会受到一群竞争对手的包围和影响。

(1)愿望竞争者

愿望竞争者指提供不同的产品以满足不同需求的竞争者。例如消费者有 5 000 元的可任意支配收入，他可以购买珠宝、购买服装、旅游等，这时珠宝、服装、旅游之间就存在着竞争关系，互相成为愿望竞争者。

(2)类别竞争者

类别竞争者指提供不同的产品以满足相同需求的竞争者。如钻石、彩色宝石、翡翠都是珠宝，在满足珠宝首饰需求方面是相同的，它们就是类别竞争者。

(3)产品形式竞争者

产品形式竞争者指生产同类但规格、型号、款式不同产品的竞争者。如钻石首饰中的戒指、项链、吊坠等，就构成产品形式竞争者。

(4)品牌竞争者

品牌竞争者指生产相同规格、型号、款式的产品，但品牌不同的竞争者。以钻石首饰为例，周大福、周生生、六福等多个品牌之间就互为品牌竞争者。

6）公众

公众就是对一个组织完成其目标的能力有着实际或潜在兴趣或影响的群体。公众可能有助于增强一个企业实现自己目标的能力，也可能妨碍这种能力。珠宝企业应建立公共关系部门，专门筹划与各类公众的建设性关系。如果出现不利于公司的反面宣传，公共关系部门就会成为排解纠纷者。珠宝企业面对的公众主要有以下几类：

(1)金融界

金融界对企业的融资能力有重要的影响。金融界主要包括银行、投资公司、证券经纪行、股东等。

(2)新闻媒介

新闻媒介包括报纸、杂志、电台、电视台、网络等。企业需要处理好与新闻媒介的关系，获得媒介的支持。

(3)政府机构

企业在制订营销计划时，必须认真研究和考虑政府政策与措施的发展和变化。珠宝企业相关的政府机构有工商、税务、环境、海关、技术监督局等部门。

(4)内部公众

企业内部的公众包括企业的员工和董事会。当企业员工对自己的企业感到满意的时候，他们的态度也就会感染企业以外的公众。

2.3 任务实施

任务：分析某深圳钻石市场的微观营销环境，完成深圳钻石市场微观营销环境分析报告。

任务实施步骤：

■ 分析深圳钻石市场微观营销环境要素。

■ 市场调研，分析各环境要素对某珠宝的影响。

■ 撰写深圳钻石微观营销环境分析报告。

报告要求及评分标准见表 2-1。

表 2-1　报告要求及评分标准

要　　求	权　重
环境要素全面	25%
分析深入	35%
数据准确、详实	30%
文字规范、简洁	10%

子项目二　钻石市场定位

项目介绍

某珠宝进入深圳市场后，面对新的消费群体决定采取新的市场定位，需要根据市场调查进行钻石市场细分，选择目标市场，从而确定目标市场的定位，为下一步制定产品、价格、渠道和促销策略提供准确的方向。

项目目标与要求

- 熟悉钻石市场主要细分依据
- 熟悉钻石市场定位的主要方法
- 会确定钻石市场细分依据并以此细分市场
- 能够评估细分市场并从中选择目标市场
- 能够对目标市场进行市场定位

项目工作任务

- 目标市场选择
- 目标市场定位

工作任务3　目标市场选择

项目目标与要求

- 熟悉主要钻石市场细分依据
- 了解细分市场的评估标准
- 会确定钻石市场细分依据并以此细分市场
- 能够评估细分市场并从中选择目标市场

3.1　市场细分

3.1.1　案例解析

【案例 3－1】

彩宝翘楚——仙路珠宝

走进深圳市仙路珠宝首饰有限公司的展厅，彩色宝石（简称彩宝）耀眼的光芒一下子就把人带进了一个色彩斑斓的世界。碧玺、黄晶、紫晶……这里完全是彩宝的世界，不同的色彩，个性的设计，给人带来的是无限的遐想，这就是仙路彩宝与众不同的魅力。

然而就在 20 年前，铂金镶钻几乎垄断了国内整个珠宝行业，彩色宝石还无人知晓。彩宝的兴起与仙路公司密不可分。甚至可以这样说，仙路是国内彩宝市场的奠基者。

2000 年，仙路珠宝做了一个重大的决定，完全放弃已经打拼了多年、拥有一定基础的铂金镶钻业务，开始进入当时尚属空白的彩宝行业。从 2000 年到 2003 年，仙路公司没有赚到一分钱，而是不断地投资用于产品研发。2003 年 9 月，深圳国际珠宝展隆重举办，仙路珠宝公司首次推出彩宝镶嵌首饰。五彩缤纷的彩宝镶嵌首饰，在整个珠宝展以铂金、钻石为主"白茫茫一片"的景象中，立即成为众人瞩目的焦点，媒体称之为"冬天里的一把火"。不过，业内人士的热捧并未立刻引起市场的畅销，叫好不叫座的局面让仙路公司不得不继续忍耐一段市场冷清的局面。

2006 年 10 月，仙路首个国家彩宝发明专利诞生，发明专利项目为彩宝胸花。之后，仙路珠宝共获得 7 项国家专利，其中发明专利 3 项，实用新型专利 4 项。

2007 年 11 月，仙路珠宝设计制作的化妆盒、香水瓶及女式晚妆手袋荣获"中国珠宝首饰设计先锋奖"彩宝晶石类一项金奖、两项银奖。与此同时，在中央电视台举办的"时尚中国——CCTV 首饰设计大赛"中，仙路珠宝公司连续于 2006 年、2007 年荣获彩宝首饰类制作奖。2008 年 8 月，北京奥运会举办之际，北京菜百商场以碧玺为主的彩宝产品推广活动拉开帷幕。该活动集中展示数千款碧玺镶嵌首饰，碧玺再次进入国人视线并受到青睐。

现在，仙路的彩宝产品至少占据了同类产品全国市场 60％的份额，仙路品牌也成为全国彩宝行业的佼佼者，现在一提起彩宝，市场的第一印象就是“仙路”，“仙路”几乎成了彩宝市场的“代名词”。

仙路公司有一句口号——“势在人为”，这个“势”指的是趋势。仙路珠宝不断地推出最新的设计款式，引领市场趋势。目前国内彩宝所占的珠宝市场份额还不到 3％，而国外高度发展的彩宝市场要占到 10％～15％的比例，彩色宝石的发展空间是巨大的，彩宝市场的蛋糕还可以做得更大。

问题讨论：仙路珠宝为什么会成为彩宝翘楚？

____

____

____

3.1.2 知识链接

1）市场细分的含义

市场细分的概念是美国市场学家温德尔·史密斯(Wendell R. Smith)于 20 世纪 50 年代中期提出来的。所谓市场细分是在市场调研的基础上，根据消费者需求的多样性和购买行为的复杂性，把整个市场划分为若个各具有相似特征的消费者群体。

细分市场不是根据产品品种、产品系列来进行的，而是从消费者的需求、动机、购买行为的多元性和差异性来划分的。通过市场细分对企业的生产、营销起着极其重要的作用。

(1)有利于选择目标市场和制定市场营销策略

市场细分后的子市场比较具体，比较容易了解消费者的需求，珠宝企业可以根据自己的经营思想、方针及生产技术和营销力量，确定自己的服务对象，即目标市场。针对着较小的目标市场，便于制定特殊的营销策略。同时，在细分的市场上，信息容易了解和反馈，一旦消费者的需求发生变化，企业可迅速改变营销策略，制定相应的对策，以适应市场需求的变化，提高企业的应变能力和竞争力。

(2)有利于发掘市场机会，开拓新市场

通过市场细分，珠宝企业可以对每一个细分市场的购买潜力、满足程度、竞争情况等进行分析对比，探索出有利于本企业的市场机会，使企业及时作出投产、销售决策或新产品开拓计划，以更好地适应市场的需要。

(3)有利于集中人力、物力投入目标市场

任何一个企业的人力、物力、资金都是有限的。通过细分市场，选择了适合自己的目标市场，珠宝企业可以集中人、财、物，去争取局部市场上的优势，然后再占领自己的目标市场。

(4)有利于珠宝企业提高经济效益

上述三个方面的作用都能使企业提高经济效益。除此之外，珠宝企业通过市场细分后，可以面对自己的目标市场，生产出适销对路的产品，可以加速商品流转，加大生产批量，降低企业的生产销售成本，提高产品质量，全面提高企业的经济效益。

2）珠宝市场细分依据

珠宝市场之所以可以细分，是由于珠宝首饰消费者的需求存在差异性。引起消费者需求差异的变量很多，概括起来，珠宝市场的细分变量主要有4类，即地理变量、人口变量、心理变量、行为变量。以这些变量为依据来细分市场就产生出地理细分、人口细分、心理细分和行为细分4种市场细分的基本形式(表3-1)。

表3-1　珠宝市场细分依据

细分依据	具体因素
地理环境	地区、气候、地形、城市大小、城乡差别等
人口	年龄、性别、职业、受教育程度、收入、民族等
心理	性格、生活方式、社会阶层等
行为	购买时机、利益点、品牌忠诚度等

(1)按地理变量细分市场

按照消费者所处的地理位置、自然环境来细分市场，比如，根据国家、地区、城市规模、气候、人口密度、地形地貌等方面的差异将整体市场分为不同的小市场。地理变数之所以作为市场细分的依据，是因为处在不同地理环境下的消费者对于同一类产品往往有不同的需求与偏好，他们对企业采取的营销策略与措施会有不同的反应。比如，在我国东北地区，大颗粒彩色宝石首饰较受欢迎。

简单地以某一地理特征区分市场，不一定能真实地反映消费者的需求共性与差异，珠宝企业在选择目标市场时，还需结合其他细分变量予以综合考虑。

(2)按人口变量细分市场

按人口统计变量，如年龄、性别、家庭规模、家庭生命周期、收入、职业、教育程度、宗教、种族、国籍等为基础细分市场。消费者需求、偏好与人口变量有着很密切的关系，比如，只有收入水平很高的消费者，才可能成为高级珠宝的经常买主。人口变量比较容易衡量，有关数据相对容易获取，由此成为珠宝企业经常使用的市场细分依据。细分依据如表3-2所示。

表 3-2　珠宝市场人口变量细分依据

细分依据	主要变量
性别	男、女
年龄	婴儿、儿童、少年、青年、成年、老年
收入	高收入、中等收入、低收入
受教育程度	文盲、小学、中学、中专、技校、大专、本科及以上
职业	农民、学生、公司职员、公务员/事业单位职员、自由职业等
民族	汉族、满族、藏族、蒙古族等
家庭生命周期	单身、备婚、新婚、育儿、满巢、空巢、鳏寡

①性别。

由于生理上的差别，男性与女性在珠宝首饰的需求与偏好上有很大不同，如在款式、尺寸、价格等方面均有差别。

②年龄。

不同年龄的珠宝首饰消费者有不同的需求特点，如青年人对珠宝首饰的需求与中年人的需求差异较大。青年人需要时尚、个性的首饰，中年人则需要端庄、典雅的首饰。

③收入。

高收入消费者与低收入消费者在产品选择、休闲时间的安排、社会交际与交往等方面都会有所不同。比如，在珠宝首饰品种、价格、品牌的选择上，高收入者与低收入者会有很大的不同，根据收入来细分珠宝市场相当普遍。

④职业与教育。

指按消费者职业的不同，所受教育的不同以及由此引起的需求差别细分市场。职业不同和受教育程度不同，对珠宝首饰的需求是不一样的，有些职业如医生，尽管经济收入水平和消费观念都符合消费珠宝首饰的要求，但其职业要求是不能佩戴首饰的。珠宝首饰是文化饰物，只有对其文化内涵有深刻理解的顾客，才能成为珠宝首饰的忠实消费者。

⑤家庭生命周期。

一个家庭，按年龄、婚姻和子女状况，可划分为 7 个阶段。在不同阶段，家庭购买力、家庭人员对商品的兴趣与偏好会有较大差别。

单身阶段：年轻，单身，几乎没有经济负担，新消费观念的带头人，娱乐导向型购买。

新婚阶段：年轻夫妻，无子女，经济条件比单身要好。购买力强，对婚庆首饰的欲望、要求强烈。

满巢阶段Ⅰ：年轻夫妻，有 6 岁以下子女，家庭用品购买的高峰期。不满足现有的经济状况，注意储蓄，购买较多的儿童用品。

满巢阶段Ⅱ：年轻夫妻，有 6 岁以上未成年子女，经济状况较好。购买趋向理智型，受广告及其他市场营销刺激的影响相对减少。注重档次较高的产品及子女的教育投资。

满巢阶段Ⅲ:年长的夫妇与尚未独立的成年子女同住。经济状况仍然较好，注重储蓄,购买冷静、理智。

空巢阶段:年长夫妇,子女离家自立。前期收入较高。购买力达到高峰期,较多购买老年人用品,如医疗保健品。娱乐及服务性消费支出增加。后期退休收入减少。

鳏寡阶段:单身老人独居,收入锐减。特别注重情感、关注等需要及安全保障。

除了上述方面,经常用于市场细分的人口变数还有家庭规模、国籍、种族、宗教等。实际上，大多数企业通常是采用两个或两个以上人口统计变量来细分市场。

(3)按心理变量细分市场

根据购买者所处的社会阶层、生活方式、个性特点等心理因素细分市场就叫心理细分。

①社会阶层。

社会阶层是指在某一社会中具有相对同质性和持久性的群体。处于同一阶层的成员具有类似的价值观、兴趣爱好和行为方式,不同阶层的成员则在上述方面存在较大的差异。很显然,识别不同社会阶层的消费者所具有的不同特点,为很多产品的市场细分将提供重要的依据。例如,有些珠宝企业将消费者分为金领、白领、蓝领等。

②生活方式。

通俗地讲,生活方式是指一个人怎样生活。人们追求的生活方式各不相同,如有的追求新潮时髦,有的追求恬静、简朴,有的追求刺激、冒险,有的追求稳定、安逸。人们形成和追求的生活方式不同,珠宝消费的偏好也不同。如有的人追求时髦,有的追求佩戴方便,有的追求高雅,有的追求华贵。

③个性。

个性是指一个人比较稳定的心理倾向与心理特征,它会导致一个人对其所处环境作出相对一致和持续不断的反应。每个人的个性都会有所不同,因而会有不同的消费偏好。如性格开放、追求时髦者可能比较容易接受款式新颖或新开发的产品,而性格保守者则会更多地倾向于购买自己熟悉的老字号产品,并更注重产品的内在质量和适用性;时尚者可能选择购买钻石首饰,内秀者可能购买翡翠饰品,传统者则可能购买黄金饰品。珠宝企业可以按照人的性格特征进行市场细分,给自己的产品赋予品牌个性,以迎合相应消费者的个性特征。

(4)按行为变量细分市场

根据购买者对产品的了解程度、态度、使用情况及反应等将他们划分成不同的群体,叫行为细分。按行为变量细分市场主要包括:

①购买时机。

根据消费者购买和使用产品的不同时机,将他们划分成不同的群体。例如,根据消费者购买首饰的时机来进行市场细分。消费者购买珠宝首饰的时机很多,每当中国的传统节日到来时(如元旦、春节、五一劳动节、国庆节等),就是消费者购买珠宝首饰的主要时机。企业进行时机细分，就是要抓住销售时机，扩大消费者购买本企业产品的范围，促进产品销售。中国传统佳节前后常常是结婚男女首选的婚庆日子，珠宝企业也常在佳节到来之前大做广告，大力宣传购买钻石首饰、珠宝首饰对婚姻的纪念意义，并推出各种优惠举措，扩大产品的销售。利用购买时机细分市场并以此作为目标市场对珠宝企业十分重要，通常佳节前后，一天的销售额是平常销售额的数倍甚至数十倍。

②追求利益。

消费者购买某种产品总是为了解决某类问题，满足某种需要。产品提供的利益往往并不是单一的，而是多方面的。消费者对这些利益的追求时有侧重，如购买钻石有的追求经济实惠、价格低廉，有的追求钻石品质，还有的则偏向品牌等。珠宝企业进行利益细分时，关键是要了解消费者购买珠宝产品所要获得的预期利益是什么，有的追求美观时髦，有的追求产品的高品质，有的追求保值，有的追求佩戴品牌珠宝所带来的荣耀。根据消费者追求利益的不同，珠宝企业应该选择其中一个或几个追求某种利益的消费者作为目标市场。运用利益细分法，要从了解消费者购买珠宝首饰所寻求的主要利益是什么开始，然后掌握寻求某种利益的消费者是哪些人，接着要调查市场上的竞争品牌各自适合满足哪些利益，还有哪些利益没有得到满足，最后确定本企业产品要突出的某些利益特征，并辅以适当的促销手段，反复宣传这些特征，最大限度地吸引追求这些利益的消费者。

③使用者状况。

根据顾客是否使用和使用程度来细分市场。通常可分为：未购买者、曾经购买者、潜在购买者、初次购买者和经常购买者。珠宝企业可以根据本企业在市场上的状况确定将哪些顾客或顾客群作为自己的目标市场。大的珠宝企业一般注重将潜在购买者变为实际购买者，经营的产品尽量满足多层次的顾客的需求；而小企业则注重以经常购买者为服务对象，并设法将竞争对手产品的购买者引向购买他们的产品。珠宝首饰不是日常消费品，重复性购买的机会不是很大，这也是大型珠宝企业将注意力面向广泛的市场的原因。

④品牌忠诚程度。

就是根据消费者对某种品牌的偏爱程度来细分市场。通常可以将消费者划分为几个不同的消费群：单一品牌的忠诚者、几种品牌的忠诚者和非品牌的忠诚者。单一品牌的忠诚者始终如一地偏爱于某一个品牌，任何时候、任何场合都只购买该品牌的产品；几个品牌的忠诚者总是在几个品牌中选购产品；而非品牌忠诚者在购买产品时不注重品牌，而是根据其他因素决定是否购买产品。

3）珠宝市场细分的方法

企业在进行市场细分时，可采用一项标准，即单一变量因素细分，也可采用多个变量因素组合或系列变量因素进行市场细分。下面介绍几种市场细分的方法。

（1）单一变量因素法

就是根据影响消费者需求的某一个重要因素进行市场细分。如企业按年龄细分市场，可分为青年钻石市场、中年钻石市场、老年钻石市场等。

（2）多个变量因素组合法

就是根据影响消费者需求的两种或两种以上的因素进行市场细分。如根据年龄和收入来细分钻石市场，根据年龄将市场细分为15～35岁、36～60岁、61岁以上3个子市场；根据收入将市场分为低收入人群、中收入人群和高收入人群。组合起来整个市场依据年龄和收入共细分为九个细分市场，具体如图3-1所示。

15～35岁 低收入人群	15～35岁 中收入人群	15～35岁 高收入人群
36～60岁 低收入人群	36～60岁 中收入人群	36～60岁 高收入人群
61岁以上 低收入人群	61岁以上 中收入人群	61岁以上 高收入人群

图3-1　依据年龄和收入划分的九个细分市场

3.1.3　案例解析

【案例3-2】

周大福珠宝市场细分

周大福集团是郑裕彤博士及其家族拥有的一个实力雄厚的商业集团，集团总资产值超过50亿美元，所经营的业务遍布全世界，雇用员工共约8万人。周大福珠宝金行有限公司为周大福集团全资附属公司，专营周大福品牌珠宝玉石金饰业务，是集原料采购、生产设计、零售服务的综合性经营企业。周大福珠宝经过八十多年的发展，成为中国内地及香港最著名及最具规模的珠宝首饰品牌，每年销售额占市场第一位。2011年12月15日，周大福成功在香港联交所上市。

周大福的市场细分和目标顾客策略可谓在其企业初创期已经开始，周大福的董事长郑裕彤先生早期在做周大福店员的时候就经常到澳门码头说服有实力的客人到店购买或兑换黄金。在《鲨胆大亨——郑裕彤传》一书中是这样描述郑先生当时这一举措的："他学会了观察人，凭一种直觉，便知哪类船客急需将金银兑换成'散纸'（当地通行的纸币）使用，但他却说不上一个'道道'来。郑裕彤'逮'住的船客，八九不离十需要兑换，他又八九不离十将'逮'准的船客'逮'回周大福"。这段描写，说明郑先生当时已经非常善于凭经验和眼光发现和细分目标顾客。

在接下来的改革开放初期，由于受到当时中国大陆黄金经营政策的限制，周大福不能直接在内地市场大面积地售卖珠宝。这时的周大福选择了立足于香港珠宝市场，以大陆来香港的游客为目标市场的营销策略。具体的做法是与香港旅游部门挂钩，周大福门店成为香港定点的旅游购物景点，不仅带动了产品的销售，而且提升了"周大福珠宝"在内地客人心目中的品牌形象和知名度。这一营销策略至今还为香港珠宝业和其他行业津津乐道和延续使用。

近年来，周大福对目标市场细分的策略更为成熟，从其推出的部分产品就能明显看出其市场细分策略的精细和独到之处：

绝配组合系列——该套可以随意变换不同戴法，满足女性求变的消费心理。

绝泽珍珠系列——将颗颗富有水的灵性与生命力的珍珠置于流畅、唯美的线条之中，增添了女性的清新风格，定位为热爱自然、追求意境的女性之首选。

绝色红蓝宝系列——将性感魅惑、甜蜜动人与浪漫鲜明、前卫个性的元素完美结合，将女性妩媚动人的气质演绎到极致，定位为摩登女郎心中的至爱。

2001 年首先在香港推出 CTF.2（周大福年青新一代）更是说明了周大福目标市场细分策略的炉火纯青：

CTF.2 是由周大福延伸出来的第二品牌，产品新潮、流行，价格从 50 元到 5 000 元不等，针对的是年轻的消费群。随着年龄增长，这些在年轻时形成品牌忠诚度的顾客又将成为是周大福的另一类型的目标顾客。由此可见，这一目标顾客细分策略可谓一举多得。

问题讨论：周大福的市场细分采用了什么细分依据？

____

____

____

3.1.4 任务实施

任务：根据某珠宝的市场情况进行深圳钻石市场细分。

任务实施步骤：

- 选定产品范围，即确定经营什么钻石首饰产品，例如戒指、吊坠、项链等。
- 钻石市场调研，了解潜在顾客的基本需求，如款式、价格、服务等需求。
- 讨论确定钻石细分市场依据。
- 根据细分市场依据将钻石市场划分为不同的细分市场。

3.2 目标市场选择

3.2.1 案例解析

【案例 3－3】

"I Do"——婚戒品牌

2011 年，中国仅钻石消费就达到 196 亿多元，而在整个钻石市场消费中 78％为婚戒消费。我国近 5 年来平均每年有 811.36 万对新人登记结婚，珠宝的消费平均 5 659 元/对，地级以上城市珠宝的消费 7 643 元/对。2008 年，有超过 2 000 万对新人登记结婚，今后 10 年又将迎来 80 后、90 后结婚叠加高潮，这将带来上千亿的婚戒需求市场。

婚戒市场，作为珠宝市场中最大的一个细分市场，销售比重占到 70％以上。而就国内目前的婚庆消费比重来看，婚戒也开始成为结婚必需品。2006 年，恒信打造出一块新的细分市场——瞄准全球婚庆市场，"I Do"则成为行业内第一个纯粹的婚戒品牌。

"I Do"来源于西方婚礼上的牧师与新人的经典问答，它是一句誓言。"I Do——我愿意"是男人对责任的承诺，是女人对婚姻的信赖。唯有这一句，才足以表达爱人之间对婚姻的坚定不移。

目前，"I Do"已覆盖中国所有一线城市，成为都市白领阶层结婚钻戒的首选之一，其时尚的设计及定位也成为众多明星追捧的对象。同时，"I Do"品牌致力于对钻石文化的建立和传播，代表爱，引领潮流，迅速树立起在中国钻石行业的领先地位。

问题讨论："I Do"为什么能在竞争激烈的钻石市场上获得成功？

____

____

____

3.2.2 知识链接

目标市场就是企业决定要进入的市场。企业在对整体市场进行细分之后，要对各细分市场进行评估，然后根据细分市场的市场潜力、竞争状况、本企业资源条件等多种因素决定把哪一个或哪几个细分市场作为目标市场。一般而言，企业考虑进入的目标市场，应符合以下标准或条件：

1）有一定的规模和发展潜力

企业进入某一市场是期望能够有利可图，如果市场规模狭小或者趋于萎缩状态，企业进入后难以获得发展，此时，应审慎考虑，不宜轻易进入。当然，企业也不宜以市场吸引力作为唯一取舍，特别是应力求避免“多数谬误”，即与竞争企业遵循同一思维逻辑，将规模最大、吸引力最大的市场作为目标市场。大家共同争夺同一个顾客群的结果是造成过度竞争和社会资源的无端浪费，同时使消费者的一些本应得到满足的需求遭受冷落和忽视。现在国内很多珠宝企业动辄将城市尤其是大中城市作为其首选市场，而对三四线城市、小城镇和农村市场不屑一顾，很可能就步入了“多数谬误”的误区，如果转换一下思维角度，一些目前经营尚不理想的企业说不定会出现“柳暗花明”的局面。

2）细分市场的竞争状况

如果某个细分市场已经有了众多的、强大的或者竞争意识强烈的竞争者，那么该细分市场就会失去吸引力。如果出现该细分市场处于稳定或者衰退，生产能力不断大幅度扩大，固定成本过高，撤出市场的壁垒过高，竞争者投资很大，那么情况就会更糟。这些情况常常会导致价格战、广告争夺战，新产品推出，并使公司要参与竞争就必须付出高昂的代价。

3）企业自身特征分析

某些细分市场虽然有较大吸引力，但不能推动企业实现发展目标，甚至分散企业的精力，使之无法完成其主要目标，这样的市场应考虑放弃。另一方面，还应考虑企业的资源条件是否适合在某一细分市场经营。只有选择那些企业有条件进入、能充分发挥其资源优势的市场作为目标市场，企业才会立于不败之地。

3.3 任务实施

任务：对细分市场进行评估，选择某珠宝新品牌的目标市场。

任务实施步骤：

■ 对各细分市场进行市场调研，了解市场潜量、市场竞争状况。

■ 结合企业自身状况进行市场获利综合评估，选择对企业最有利的细分市场作为目标市场。

■ 撰写深圳钻石市场细分报告，报告要求及评分标准见表3-3。

表3-3 报告要求及评分标准

要求	权重
内容全面、数据准确、时效性强、分析有深度	25%
内容全面、分析准确	35%
与获利分析结果一致	30%
语句通顺、格式准确、无错别字	10%

工作任务4　目标市场定位

项目目标与要求

- 熟悉钻石市场定位的主要方法
- 能够对目标市场进行市场定位

4.1　案例解析

【案例 4－1】

潮宏基——中国风

成立于1997年的潮宏基珠宝，一直秉承着弘扬东方文化的宗旨，以各种历史悠久的“中国元素”为设计灵感，创造出了风格独特的“中国风”珠宝精品。2006年4月，潮宏基作为中国内地唯一参展的珠宝品牌应邀至瑞士参加了有着“珠宝界奥斯卡”之称的瑞士巴塞尔钟表珠宝展。

潮宏基在此次展览会上举办了一场珠宝秀，他们为每位入场观众都准备了一条绘有龙纹的紫红色丝绸围巾。展示现场上悠扬的中国乐曲、大屏幕上古老的中国长城、故宫、富有民族风情的民居、古代精美的文物等，无一不深深地吸引着国际观众，并将他们带入了对中国文化的神往中。

潮宏基在该次展示带去了60多件作品，神秘而大气，分别分为京剧之声、青铜、圆满、龙虎、吉祥及凤凰六个主题系列。其中最有中国特色的当属“紫气东来·凤影”系列，其创意灵感来自古代中国的凤凰。凤凰被视为东方女性的代表图腾，形象落落大方，象征吉祥、尊贵、典雅，而把这种受中华民族崇仰、顶礼膜拜而创造出来的神性动物运用于珠宝设计，寓意现代东方女性与生俱有凤凰华美而秀雅的气质魅力，端庄、美丽、聪慧而善良的形象呼之欲出，动人心弦。这些作品不仅充分把握中国传统文化元素，并将其融会于时尚之中。制作工艺上也十分精湛，能与国际先进水平媲美。

这次除展示历届“潮宏基”杯设计大奖赛获奖作品外，潮宏基珠宝更特意把企业内部积累多年的东方主题原创作品首次向世界发表。这场饱含中国文化底蕴、展示浓郁东方神韵的珠宝秀，不时引来阵阵的赞叹，并博得到场嘉宾和美国、意大利、法国、瑞士、德国、俄罗斯、比利时等国近百家媒体的关注和一致好评。

潮宏基珠宝荣获 2006 年"中国品牌年度大奖"及"中国最具影响力品牌"。2010 年 1 月,潮宏基在深圳证券交易所上市,发行价每股 33 元,成为为数不多的珠宝上市公司之一。

问题讨论:潮宏基珠宝的市场定位有什么特色?

____

____

____

4.2 知识链接

4.2.1 市场定位的涵义及作用

所谓市场定位就是企业根据目标市场上同类产品竞争状况,针对顾客对该类产品某些特征或属性的重视程度,为本企业产品塑造强有力的、与众不同的鲜明个性,并将其形象生动地传递给顾客,以求得顾客认同。市场定位的实质是使本企业产品与其他企业产品严格区分开来,使顾客明显感觉和认识到这种差别,从而在顾客心目中占有特殊的位置。

4.2.2 珠宝市场定位三要素

珠宝市场定位的主要任务就是在市场上让企业的产品与竞争者的有所不同。主要有以下三个要素:

1) 确立产品的特色

市场定位的出发点和根本要素就是要确定产品的特色。首先,要了解市场上竞争者的定位如何，竞争者提供的珠宝产品有什么特点；其次，要了解顾客对珠宝首饰各属性的重视程度；最后，还要考虑珠宝企业自身的条件。有些产品属性如任意退换等，虽然是顾客比较重视的，但如果企业力所不及，也不能成为市场定位的目标。

2）树立市场形象

企业所确定的产品特色，是企业有效参与市场竞争的优势，但这些优势不会自动地在市场上显示出来。要使这些独特的优势发挥作用，影响顾客的购买决策，需要以产品特色为基础树立鲜明的市场形象，通过积极主动而又巧妙地与顾客沟通，吸引顾客的注意与兴趣，以求得顾客的认同。有效的市场定位并不取决于企业是怎么想的，关键在于顾客是怎么看的。市场定位成功的最直接的反映就是顾客对企业及其产品持独特的态度和看法。

3）巩固市场形象

顾客对企业的认识不是一成不变的。由于竞争者的干扰或沟通不畅，会引致市场形象模糊，顾客对企业的理解会出现偏差，态度发生转变。所以建立市场形象后，珠宝企业还应不断向顾客提供新的论据和观点，及时矫正与市场定位不一致的行为，巩固市场形象，维持和强化顾客对企业的看法和认识。

4.2.3 珠宝市场定位方法

各个珠宝企业经营的珠宝产品不同，面对的顾客也不同，所处的竞争环境也不同，因而市场定位的方法也不同。珠宝市场定位常用方法主要有以下几种：

1）消费群体定位

直接以某类消费群体为诉求对象，突出产品专为该类消费群体服务，来获得目标消费群的认同。把品牌与消费者结合起来，有利于增进消费者的归属感，使其产生“我自己的品牌”的感觉。例如“I Do”珠宝宣称是全球婚戒典范，专门针对结婚人群。

2）质量/价格定位

即结合质量和价格来定位，强调质量、价格的优势。如“BELOVE”珠宝的定位是“同样的钻石，一半的价格”，强调其价格的优势。

3）文化定位

将文化内涵融入品牌，形成文化上的品牌差异，这种文化定位不仅可以大大提高珠宝品牌的品味，而且可以使珠宝品牌形象更加独具特色。例如“翡翠物语”将玉文化融入品牌之中。

4）情感定位

该定位是指运用产品直接或间接地冲击消费者的情感体验而进行定位，用恰当的情感唤起消费者内心深处的认同和共鸣，适用和改变消费者的心理。例如戴比尔斯的“钻石恒久远，一颗永流传”经过多年的推广已经深入人心，获得了消费者的情感认同，极大地促进了钻石市场的发展。

5）首席定位

首席定位即强调自己在同行业或同类产品中的领先地位，在某一方面有独到的特色。

企业在广告宣传中使用“正宗的”、“第一家”、“市场占有率第一”、“销售量第一”等口号，就是首席定位策略的运用。例如，某珠宝要做“东方的卡地亚”，“周大生”珠宝称自己是“全国最大的珠宝连锁企业”，等等。

6）利益定位

利益定位就是根据产品所能满足的需求或所提供的利益、解决问题的程度来定位。产品提供给顾客的利益是顾客最能切实体验到的，也可以用作定位的依据。如某水晶品牌强调黄水晶可以带来财运，芙蓉石可以带来桃花运等。

7）USP 定位

USP(unique selling proposition)中文意思为“独特的销售主张”或“独特卖点”，即一个产品只提供一个卖点。USP 定位的关键是寻找产品特点中最符合消费者需要的而竞争对手所不具备的最为独特的部分。例如，某珠宝企业宣称自己的足金饰品是“硬金”，比传统足金的硬度要高；某 18K 金首饰企业宣称自己的 18K 金产品永远不掉色；等等。

4.3 案例分析

【案例 4－2】

戴比尔斯——最佳供应商

“钻石恒久远，一颗永留传”这句广告语使钻石走入了中国寻常百姓家，也使戴比尔斯成为钻石的代言词。戴比尔斯联合矿业集团公司由英国人塞西尔·罗德兹于 1888 年 3 月在南非正式注册成立，其办事处及联营公司遍布世界各地，如英国、比利时、俄罗斯、瑞典、以色列、美国、加拿大、澳大利亚、日本、南非、博茨瓦纳、纳米比亚、扎伊尔和中国等。

20 世纪 80 年代末，戴比尔斯公司垄断了几乎全世界 90%的钻石生产，戴比尔斯的业务涉及“钻石供应链”的各个范畴，包括从找矿勘探、开采、切割、打磨、设计到最终到达消费者手中的全过程。1930 年，戴比尔斯联合矿业公司与其他钻石联营机构联合组成中央销售组织(Contral Selling Organization，CSO)。直到 20 世纪 80 年代，全球 90%左右的钻坯还都是由戴比尔斯下属的 CSO 所销售，并形成独特的销售模式——CSO 单一渠道销售系统，使钻石坯成为极具垄断性的商品。

20 世纪 80 年代后，加拿大、澳大利亚、俄罗斯等国家不断发现新的钻矿，这些钻矿无论从规模还是出货量都毫不逊色于戴比尔斯现有的钻矿，戴比尔斯的钻石帝国权威受到挑战，戴比尔斯开始寻求新的定位。2003 年 7 月 12 日，戴比尔斯公司在伦敦召开会议向 125 家看货商及记者宣布了该公司在钻石市场经营方面的改革，公布了推行“最佳供应商”措施，放弃了对钻石生产 70 年的垄断。同时，戴比尔斯将存在了一百多年的中央销售组织(CSO)更名为国际钻石商贸公司(Diamond Trading Company，DTC)。将 CSO 更名为 DTC，代表着一种观念的转变，作为中央销售组织的 CSO，更多的是控制和规范的意味。而 DTC 作为戴比尔斯旗下的贸易公司，更多的责任是要动员整个行业，使得全球钻石市场不断扩大和增长。“最佳供应商”策略的核心在于向看货商以及更下游的批发商和零售商提供更多的附加价值，进而将这些下游企业紧紧吸引在戴比尔斯周围，共同进退，提升其对整个行业的影响力。

2004年在钻石价格上涨7%的情况下，戴比尔斯全球钻石饰品的销售仍比2003年增长了8%，2005年戴比尔斯创下了65亿美元的营业额新记录。戴比尔斯这一成功案例被著名的哈佛大学商学院列为经典案例之一。

问题讨论：戴比尔斯的市场定位采用了什么方法？为什么戴比尔斯要重新定位？

____

____

____

4.4 任务实施

任务：对某珠宝的目标市场进行市场定位，提交口头及书面报告。

任务实施步骤：

- 深圳钻石市场调研，分析目标市场，了解主要竞争对手定位。
- 确定市场定位方法。
- 头脑风暴，完成钻石市场定位。
- 撰写某珠宝深圳钻石市场定位报告，报告要求及评分标准见表4-1。

表4-1 报告要求及评分标准

要 求	权重
市场调查准确	25%
定位清晰	30%
定位有新意	35%
文字规范、简洁	10%

子项目三　钻石 4P 营销策略制定

项目介绍

某珠宝欲打开华南市场，打造华南地区首家品牌旗舰店。在完成市场定位后，制定行之有效的 4P 营销策略就成为重中之重。针对深圳市场，某珠宝需制定相应的产品、渠道、价格以及促销策略。

项目目标与要求

- 理解珠宝 CIS 的内容及实施要点，理解珠宝品牌的概念及常见品牌 策略，常用的珠宝定价策略。理解珠宝分销渠道的设计及管理方法、主要珠宝销售促进方法。
- 能够制定珠宝企业 CIS 的实施方案
- 会制定珠宝品牌的推广和管理方案
- 能够制定珠宝企业分销渠道的管理措施
- 能够根据企业市场竞争状况对产品定价，完成产品定价表
- 能够制定珠宝促销活动方案

项目工作任务

- 某珠宝产品开发
- 某珠宝渠道建立及控制
- 某珠宝价格制定及控制
- 某珠宝促销方案制定

工作任务5　珠宝产品开发

项目目标与要求

- 能够根据珠宝企业及市场状况确定企业的产品组合
- 能够制定珠宝企业 CIS 的实施方案
- 能够制定珠宝品牌的推广和管理方案

5.1　确定产品组合

5.1.1　案例解析

【案例 5 - 1】

“老凤祥”八大类产品齐齐亮相 2009 上海珠宝展

在上海地区的首饰品牌中，“老凤祥”是唯一同时荣获“中国驰名商标”和“中国名牌”两个称号的企业，并以 38.38 亿元的品牌价值，位列全球珠宝 100 强榜单第 91 席，被评为“亚洲品牌 500 强”。“老凤祥”作为国际知名品牌、中国旅游纪念品主流品牌，其深厚的文化与历史底蕴以及正在注入的时代感，使这家百年名企焕发出青春与时尚的光彩，并日益显示出其巨大的品牌生命力和市场竞争力。

在 2009 年 5 月举行的 2009 上海国际珠宝首饰展览会上，“老凤祥”黄金、铂金、钻石、珍珠、翡翠、软玉、彩色宝石、白银八大类首饰产品一应俱全，其精湛的金银细工制作技艺引起了广泛关注。在展会现场，高级技师沈国兴、朱劲松、吴培青、王伟成（“老凤祥金银细工制作技艺”的第六代传人）等现场制作《静安佛鼎》未完成的工序，结合展厅静态首饰展示，这种“动静结合”的方式，是老凤祥在上海珠宝展上首次采用。工匠现场演绎中国非物质文化——金银细工制作技艺，吸引了业内外人士的广泛关注，成为该次展会上的一大亮点。

彩色宝石系列是此次老凤祥在上海珠宝展的一大亮点，其中由祖母绿、红蓝宝、碧玺、紫晶等彩色宝石结合传统首饰材质制作而成的一大批首饰色彩斑斓、美轮美奂，使首饰世界更加多姿多彩。如祖母绿挂件《芬芳氤氲》、《幻影之旅》，红宝石套装《豪华婚礼》，碧玺、钻石镶嵌挂件《绿色悠扬》，紫晶、钻石、珍珠镶嵌挂件《红粉佳人》等。

近年来，“老凤祥”在产品结构上进行了积极地调整，其黄金饰品所占的比率明显下降，K 金、翡翠、钻石饰品的销售增多。在黄金、铂金、钻石、珍珠、翡翠、软玉、彩色宝石、银饰品八大类首饰有涉猎，逐渐形成了完善的产品链。年轻设计师们还特意推出了“紫檀木银饰系列”，既古朴典雅，又具有时尚气息，并且独具创意，体现了“老凤祥”年轻设计师不拘一格，在首饰材质组合方面敢于突破、大胆创新的精神。

针对80后、90后等年轻的消费群体，“老凤祥”推出了经典、时尚的产品，如铂金系列“在水一方”、千足金“母子珍爱”系列等。另一方面，“老凤祥”通过与银行等金融机构合作，以专家传授珠宝、理财知识等形式，展开会议营销，进行一对一的高端定制。此外，“老凤祥”还根据年轻一代爱好网上购物的特点，开发出系列适合于电子商务的产品，在电子商务方面走在了传统品牌的前列。

“用国际金融的理念经营企业”，从经营百年老店到入围世界级榜单，“老凤祥”这个质的变化源于理念的转变。过去中国的首饰企业，叫卖千足赤金，强调成色准足、价格公道，”老凤祥”改变了同质化竞争的理念，转而追求设计、工艺和服务。

问题讨论：“老凤祥”的产品发生什么变化？这种变化给企业带来了什么？

____

____

____

5.1.2 知识链接

1）珠宝产品概念及产品生命周期

(1)产品概念

随着科学技术的快速发展，社会的不断进步，消费者需求特征的日趋个性化，市场竞争程度的加深加广，产品的内涵和外延也在不断扩大。以现代观念对产品进行界定，产品是指为留意、获取、使用或消费以满足某种欲望和需要而提供给市场的一切东西。

产品整体概念包含核心产品、有形产品、附加产品和心理产品4个层次(图5-1)。

核心产品也称实质产品，是指消费者购买某种产品时所追求的利益，是顾客真正要买的东西，因而在产品整体概念中也是最基本、最主要的部分。消费者购买某种产品，并不是为了占有或获得产品本身，而是为了获得能满足某种需要的效用或利益。如人们购买珠宝首饰是为了装饰、纪念、送礼等。因此，珠宝企业在开发产品、宣传产品时应明确地确定产品能提供的利益，产品才具有吸引力。

有形产品是核心产品借以实现的形式。产品的基本效用必须通过某些具体的形式才得以实现。它在市场上通常表现为产品的质量、外观、款式、包装等。

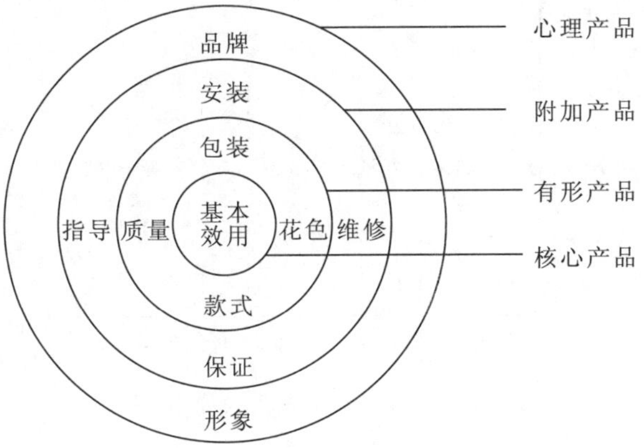

图 5－1　产品整体概念的四个层次

附加产品是顾客购买有形产品时所获得的全部附加服务和利益，包括售前、售中和售后服务等。如提供分期付款、免费送货、质量保证、免费清洗、以旧换新等。

心理产品指产品的品牌和形象提供给顾客心理上的满足。产品的消费往往是生理消费和心理消费相结合的过程，随着人们生活水平的提高，人们对产品的品牌和形象看得越来越重，因而它也是产品整体概念的重要组成部分。

问题讨论：钻石首饰的产品整体概念是什么？

____

____

____

(2)产品的生命周期

产品从投入市场到最终退出市场的全过程称为产品的生命周期，该过程一般经历产品的导入期、成长期、成熟期和衰退期 4 个阶段（图 5－2）。在产品生命周期的不同阶段，产品的市场占有率、销售额、利润额是不一样的。导入期产品销售量增长较慢，利润额多为负数。当销售量迅速增长，利润由负变正并迅速上升时，产品进入了成长期。经过快速增长的销售量逐渐趋于稳定，利润增长处于停滞，说明产品成熟期来临。在成熟期的后一阶段，产品销售量缓慢下降，利润开始下滑。当销售量加速递减，利润也较快下降时，产品便步入了衰退期。

产品生命周期形态可分为典型和非典型。典型的产品生命周期要经过导入期、成长

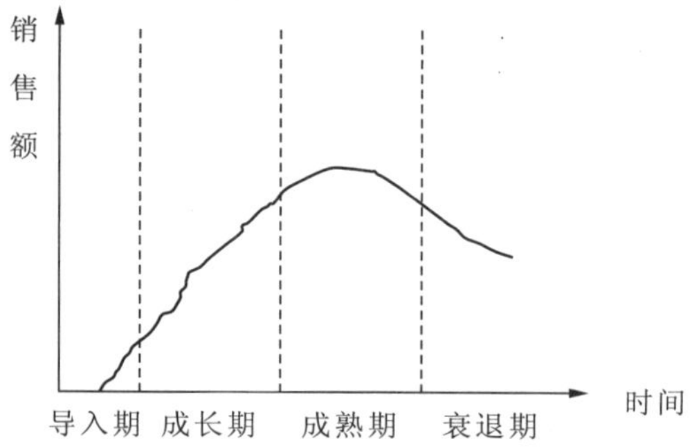

图 5－2　产品的生命周期

期、成熟期和衰退期，呈 S 型曲线。非典型形态有“循环-再循环”型、“扇型”、“非循环型”等。研究产品生命周期对企业营销活动具有十分重要的启发意义。

问题讨论：钻石产品的生命周期目前是处于什么阶段？

____

____

____

2）珠宝产品组合

(1)珠宝产品组合的基础知识

产品组合是企业提供给目标市场的全部产品线和产品项目的组合。产品组合的相关概念如下：

- 产品线：是指产品在技术和结构上密切相关，具有类似使用功能、规格不同而满足同类需求的一组产品。如某珠宝公司生产铂金首饰、黄金首饰、银首饰，则产品线有 3 条。
- 产品项目：企业产品目录上列出的每一个产品，是产品线的具体组成部分。企业产品目录中列出的每一个具体的品种就是一个产品项目。如珠宝柜台中的每一款不同的首饰就是一个产品项目。
- 产品组合的宽度：又称广度，指产品线的数目。产品线越多，企业经营的范围越广。
- 产品组合的深度：指某条产品线中所包含的产品项目的数量。

某珠宝企业产品线如图 5－3 所示。

深度

产品线	产品项目
产品线1和田玉吊坠	1a 1b 1c 1d
产品线2和田玉摆件	2a 2b
产品线3和田玉手镯	3a 3b
产品线4和田玉项链	4a 4b 4c 4d 4e

宽度

图 5-3 某珠宝企业产品线

(2)产品组合的意义

多品种、多产品的营销成为现代企业发展的共同趋势,这样可以分散风险。市场变化莫测,消费者需求不断改变,一种产品很难保证畅销不衰,长时期为消费者所接受。实行多品种、多产品营销能取长补短,具有较大灵活性,降低和分散营销风险,保证利润。同时多品种、多产品还可以扩大市场,占领更多更细小的分市场,增加企业综合竞争实力,保证利润不断增长。

5.1.3 案例解析

【案例 5-2】

"周生生"珠宝产品组合

周生生集团国际有限公司为香港上市公司(股票编号 116),集团主要业务分别为珠宝零售及制造、贵金属批发及证券期货经纪。集团旗下周生生珠宝金行有限公司为珠宝制造零售业中众认翘楚,作为大中华地区的知名品牌,2010 年"周生生"品牌已遍布中国大陆及港台澳地区,大中华地区直营店 260 多家,中国内地直营店 190 多家,覆盖 70 多个城市。2010 年珠宝零售业务业绩增长 40%,零售收入超过 80 亿元。

"周生生"的产品非常丰富,产品系列如图 5-4 所示。

图 5-4 “周生生”产品系列

问题讨论：“周生生”的产品组合有什么特点？成功之处在哪里？

____

____

____

5.1.4 任务实施

任务：确定某珠宝在深圳市场的钻石产品组合。

任务实施步骤：

- 市场调研，了解竞争对手的产品组合。
- 确定某珠宝在深圳市场的钻石产品组合，每个产品线列举 5 个产品项目。
- 撰写钻石产品组合报告，报告要求及评分标准见表 5-1。

表 5-1 报告要求及评分标准

要　求	权重
市场调查准确	25%
产品线设置合理	30%
产品项目有竞争力	35%
文字规范、简洁	10%

5.2 制定珠宝企业CIS的实施方案

5.2.1 案例解析

【案例5-3】

“周大福”珠宝CIS

“周大福”珠宝，1929年由周至元于广州创立，后辗转到香港正式成立珠宝金行，20世纪60年代由其女婿郑裕彤接手经营。“周大福”凭借八十多年的稳健经营，摘得由世界品牌实验室和世界经理人周刊联合评定的2011“中国500最具价值品牌排行榜”第47位，品牌价值197.7亿，是前100位中唯一的珠宝品牌。“周大福”在中国内地以及港、澳、马来西亚地区拥有超过1 500个珠宝首饰零售点，于大中华地区拥有广阔的销售网络。

“优质服务，货精价精”的企业精神，贯穿“周大福”创业及发展始终。80多年来，“周大福”的诚信经营、实干精神可以说一脉相传。“周大福”推出的999.9纯金首饰，成为黄金首饰业的成色典范。20世纪90年代初，周大福决定以成本加上合理的利润制定“一口价”，现已成为了“货真价实”的另一代名词。

2004年7月，“周大福”在北京新世界专卖店首次启用其全新的双“C”新标识，并以新世界店作为全新形象店，逐步统一当时全国300多家店铺的店面形象，充分展现“周大福”经典与时尚完美结合的全新形象，给广大消费者留下清新而又深刻的印象。

2004年9月，“周大福”参与香港艺人高尔夫协会成立庆典暨周大福棕榈岛高尔夫邀请赛，牵手高尔夫，并为高雅休闲的高尔夫运动专程设计了一系列钻石、K金、红宝石的高尔夫手链作为奖品，将珠宝的魅力演绎在绿色的运动场上。

2005年9月，“周大福”拿下法拉利在中国数个城市的经销权，与法拉利共享高端顾客群。

“周大福”携手上海国际田径黄金大奖赛，“周大福”珠宝将为赛事提供其形象产品“祥龙”足金摆件作为奖品，取代一般比赛中的金牌和金杯，扩大其在中国市场的品牌影响力，并进一步介入贵重收藏品市场。

2008年10月，周大福集团与中华慈善总会在京召开新闻发布会，宣布“周大福慈善基金”正式成立。“周大福慈善基金”在助学、助残、助老、赈灾、公益、环保及青少年教育培训等多个领域的慈善事业努力不懈，并鼓励员工与公司一同积极参与社会各项公益慈善活动，参与的项目超过400项，捐赠累计已高达10亿元人民币。

2009年11月，“周大福”隆重举行了品牌80载华诞盛典。周大福集团主席郑裕彤博士特别率周大福一众董事来京，与各界名流贵宾八百余人，共同见证品牌80载辉煌历程的非凡荣耀时刻，绘制2020年开设2 000家分店的蓝图。

问题讨论："周大福"的给你留下最深的印象是什么？

____

____

____

5.2.2 知识链接

1）企业形象识别系统（corporate identity system，CIS）

企业的形象往往是通过企业的精神风貌、行为举止及其对外的宣传表现出来，并通过人们的感觉器官加以识别的。这3个方面可归纳为理念识别、行为识别和视觉识别3个识别系统，统称为企业形象识别系统。企业形象的3个识别系统是客观存在的，企业只要开展经营活动，就会有意或无意地通过以上3个识别系统表现出企业的风格，从而形成企业的形象。

良好的企业形象是企业的宝贵财富，对提高企业的经营业绩具有重大作用：

■ 赢得信任，便于拓展新的业务。形象好的企业，其良好的口碑会博得社会公众的好感和信任。同一项活动，会获得公众的较高评价。因此，新的产品、新的营销举措能赢得公众的理解和支持。

■ 赢得谅解，有利于减缓失误的风险。在千变万化的市场环境中，任何企业都难免因决策失误而带来风险。形象好的企业往往容易取得公众的谅解，从而减少风险所带来的损失。

■ 赢得青睐，有利于得到高素质的员工和合作伙伴。形象良好的企业，是广大求职者争相应聘之所。因此，能通过考核和筛选，得到高素质的员工。同时，也可通过筛选，寻求高素质的合作伙伴。

■ 赢得竞争，有利于取得较高的经济效益。同样的质量，顾客愿意购买形象良好的企业的产品；同样的产品，形象好的企业可制定较高的价格；形象好的企业还可以以其良好的信誉，得到低价优质的原材料，低利率的贷款等资源，从而降低成本，取得更大利润。

■ 赢得共识，使形象力转化为生产力。良好的企业形象有利于增强企业的凝聚力，激发员工的荣誉感和奋进精神，使形象力转化为生产力，从而提高企业的经营质量和经营效益。

(1)理念识别(mind identity, MI)

理念识别是指企业的经营观念及文化精神等方面的综合。它是企业最高决策层的思想、文化、意识的具体反映,属于最高层次的识别系统。MI是企业识别系统的核心和原动力,由以下要素组成:

■ 理念基本要素系统:企业的经营哲学及观念;企业的精神、文化;企业的经营风格;企业的发展目标;企业的营销策略等。

■ 理念应用要素系统:企业的行动纲领、经营信条、广告导语、标语口号、企业歌曲、警语及座右铭等。

(2)行为识别(behavior identity, BI)

行为识别系统规划出企业对内和对外的各项企业活动的行为规范,促使全体员工形成共识,从而共同塑造良好的企业形象。它以理念识别系统为依据,是企业经营观念及企业精神文化的具体落实。行为识别是企业形象的动态识别形式,由以下要素组成:

■ 行为基本要素系统:企业对内的组织、教育、管理、开发研究、员工福利、工作环境及气氛等;企业对外的市场调研、经营推广、公共关系及沟通对策、社会公益及文化活动等。

■ 行为应用要素系统:企业对内对外的各项活动及其行为规范、管理制度、岗位责任、考核指标体系等。

(3)视觉识别(visuai identity, VI)

视觉识别系统通过具体可见的视觉符号对外界传达企业的理念精神和经营行为特征等有关信息,以便社会公众了解、接受企业所塑造的良好形象。它是企业的理念精神和行为规范的外在表现,是企业形象的直接展示。视觉识别系统是企业形象的静态识别形式,由以下要素组成:

■ 视觉基本要素系统:企业名称、企业造型、企业标志(标准字、标准色,象征图案及其组合)、宣传标语和口号等。

■ 视觉应用要素系统:办公用品系列(公文纸、文件夹、笔记本、钢笔、信封、名片、信纸、员工工作证等);广告媒体系列(报纸、杂志、广播、电视、日历、礼品、社会公益建筑及各类户外广告);交通工具系列(交通车、工具车、送货车的造型、色彩、广告标志等);服饰系列(各类工作服、徽章、领带及领带夹、皮带、鞋、袜、手表、公文包等);办公室室内设计(办公设备及空间设计、部门牌、记事牌、计时钟、茶具、烟具及办公桌上用品等);包装系列(首饰盒、首饰陈列道具、手提袋等);外部标识(招牌、旗帜、建筑物外观等);CIS手册等。

■ 标志:标志是VI的核心要素,标志一般由企业或产品的文字名称、图案组成。主要包括企业名称、企业标志、品牌标志、标准字体、标准色、辅助色、象征图形、吉祥物等。标志可应用在办公用品、广告媒体、车体外观、员工服装、室内设计、包装设计、展示设计等。

5.2.3 案例解析

【案例5-4】

"TESIRO"通灵珠宝

"TESIRO"是全球最大钻石加工贸易商——欧陆之星旗下的欧洲经典钻石品牌，以优质切工享誉全球。2005年下半年，"TESIRO"重金收购国内强势品牌"通灵翠钻"，以"TESIRO通灵"为品牌名，借船出海发力中国。

比利时在全球钻石行业享有盛誉，是世界钻石加工发源地，有世界最大的钻石切割中心，被尊称为"钻石王国"，比利时切工又被称为"优质钻石切工"。"TESIRO通灵"的母公司是位于比利时安特卫普的世界上最大的钻石加工贸易公司。因此，"TESIRO通灵"据此确定了自身的识别系统核心——"来自比利时的优质切工钻石"。

"TESIRO通灵"要求无论是自己员工，还是加盟商，都要代表"TESIRO通灵"的比利时品牌形象，所穿所戴都要为品牌加分，所言所行都要透出欧洲品牌气质。在"TESIRO通灵"专卖店，顾客听到的是比利时的音乐，看到的是欧洲化的陈设，连顾客被赠送的礼物也是原汁原味的比利时巧克力。

"TESIRO通灵"刚进入中国不久，随即举办了当时国内规模最大的一次"中国钻石第一展"，将来自比利时的总价数千万的五百余颗优质切工克拉钻带入中国。这次巡展历时三个月，在南京等18个城市轮流进行，"TESIRO通灵"吸引了众多媒体和消费者的眼球。同时，"TESIRO通灵"与展览当地的主流媒介进行合作，举办钻石有奖估价等活动，与消费者形成良好的互动，提升了"TESIRO通灵"的品牌形象，同时让消费者切身感受到比利时优质切工钻石的魅力。2006年"TESIRO通灵"又在终端开展"TESIRO比利时钻石文化之旅"活动，抽取幸运顾客，去比利时钻石寻根，近一步强化了消费者对"TESIRO通灵"的认知，给消费者带来"TESIRO通灵"＝比利时优质切工钻石的印象。

问题讨论："TESIRO通灵"的MI、BI和VI是什么？

____

____

____

5.2.4 任务实施

任务:完成某珠宝的CIS设计。

任务实施步骤:

- 市场调研,了解目标市场的消费需求,竞争对手的CIS。
- 讨论确定某珠宝的MI。
- 讨论确定某珠宝的BI。
- 完成某珠宝的VI设计。
- 撰写某珠宝CIS设计报告,报告要求及评分标准见表5-2。

表5-2 报告要求及评分标准

要　　求	权重
市场调研准确	15%
系统完整,包括MI、BI、VI	15%
与企业定位相和谐	15%
MI、BI具体可行	25%
VI设计新颖、独特,便于识别	30%

5.3 制定品牌的推广和管理方案

5.3.1 品牌建立

【案例5-5】

2009年全球顶级珠宝品牌排名

1) 爱丝普蕾(Asprey)

爱丝普蕾(Asprey),来自英国伦敦,1781年面世,历经200多年,至今仍是最尊贵的英国奢侈品品牌。爱丝普蕾(Asprey)代表着时尚、精致、品味、精湛的工艺及卓越的品质,在英伦典雅格调中散发着现代气息。爱丝普蕾(Asprey)以名贵珠宝首饰、钟表、皮具箱包、银器、瓷器、水晶、服装、配饰及香水闻名遐迩。两百年来,爱丝普蕾(Asprey)已经成为高贵气质和顶尖品质的代名词。爱丝普蕾(Asprey)曾多次获英国皇家御用证,一直深受英国皇室及名流的喜爱,皇室顾客包括维多利亚女皇、伊丽莎白女皇、玛嘉烈公主及威尔斯王子。除此之外J·P·摩根(J. P. Morgan)、印度巴脱亚拿邦大公(Maharajah of Patiala)、伊丽莎白·泰勒(Elizabeth Taylor)、莎朗·斯通(Sharon Stone)、维多利亚·贝克汉姆都是爱丝普蕾(Asprey)品牌的客户。

2）宝诗龙(Boucheron)

Boucheron是法国GUCCI集团旗下的珠宝品牌。1858年，年仅28岁的设计师Boucheron成立了自己的品牌，并在巴黎最时尚的皇家宫殿区开设精品店，设计了许多贵重的珠宝首饰、腕表和香水。21世纪，Boucheron坚持品牌独特的内涵，成为大胆奢华的现代珠宝首饰的代名词。1893年，Boucheron迁往巴黎的凡登广场，成为首先在此地开业的珠宝品牌之一。创立伊始，Boucheron即受到名流显贵的青睐，事业因而蒸蒸日上。Boucheron总是掌握着时代脉动，从俄国芭蕾、立体派、装饰艺术、非洲艺术和普普艺术中汲取灵感。俄国女沙皇、美国百万富婆Mackay等曾是Boucheron的客户。

3）宝格丽(Bvlgari)

来自意大利的世界著名珠宝——Bvlgari，诞生一百四十多年以来，以其大胆的设计、独特的风格而著称，得到世界各国社会名流的热烈追捧，备受皇室贵族、影视明星的青睐。Bulgari家族源自希腊，根深蒂固地受到了经典的希腊传统的影响，然而却又是在罗马文化的影响下得到了发扬光大。在希腊和罗马文明的灵感启发下，Bvlgari的设计出现了空前的繁荣。Bvlgari的每件作品，都渗透超卓的精神，细腻卓著、追求绝对高品质，是每件产品的特征。

4）卡地亚(Cartier)

拥有160多年历史的卡地亚，为瑰丽无匹、巧夺天工的珠宝钟表历史写下辉煌的篇章。1847年，Lluis - Francois Cartier承接师傅Adolphe Picard在巴黎Montorgueil街29号的珠宝工坊，卡地亚品牌于此诞生。随即以创新的彩色宝石饰物名噪皇廷，不但深获拿破仑三世称许，更誉满欧洲，声名远达俄罗斯、印度及南美；英皇爱德华七世曾任命他制作27顶皇冠作加冕之用，并誉之为“珠宝商的皇帝”、“皇帝的珠宝商”；欧洲多国皇室亦向他发出委任状。1888年，卡地亚尝试在镶嵌钻石的黄金手镯上装上机械女表；到了1904年，卡地亚(Cartier)为老朋友山度士(SANTOS)制造的金表一炮打响。从此，卡地亚手表一直是上流社会的宠物，历久不衰。

5）大卫·韦伯(David Webb)

大卫·韦伯出生于美国北卡罗来纳州西部阿巴拉契亚，在孩提时代他就开始设计珠宝，十几岁时候从他叔叔的工厂作完学徒后就去了纽约开始他的设计生涯。他出色的设计很快被纽约天价百货Bergdorf Goodman关注。大卫·韦伯的设计灵感很多是来自于大自然和动物，他会把钻石、珐琅、珍珠和水晶完美地溶入到他的珠宝作品中，令人耳目一新。大卫·韦伯1975年死于胰腺癌。2009年6月，大卫·韦伯的公司申请破产，但这并不影响大卫·韦伯成为2009年全球十佳珠宝品牌。

6）格拉夫钻石(Graff Diamonds)

独一无二以及绝对的高品质是GRAFF珠宝的主要特征。GRAFF珠宝行就是以罕见的钻石以及经典款式的珠宝闻名世界。在纽约和伦敦，GRAFF拥有自己的切割、打磨工厂以及镶嵌工作室，所有的GRAFF首饰都是由自己工作室出品。从极富创造力的设计到完美的镶嵌工艺，每一件都需要众多技师数百小时的精心雕琢。精良的金属和钻石被精心契合在一起演化成为一件件精美绝伦的耳环、项链或手镯，它们带给佩戴者的将是高贵灵动的感受以及一场场视觉的盛宴。

7）H·史登（H. Stern）

1949 年，汉斯·史登（Hans. Stern）在巴西开设了一家宝石公司。起初，靠着过去在“采买宝石”工作上建立的关系，买下一些宝石做批发生意。很快，他以童叟无欺的做法赢得了越来越多的客户。渐渐地，开始代为镶嵌首饰，于是，汉斯开始了首饰成品的零售事业。1951 年的一天，当时的“尼加拉瓜”总统 Anastasio Somoza Debayle 以 22 000 美元买走了一条镶满了“海蓝宝石”的项链。H·史登宝石首饰店的名声，自此开始响亮起来，而此事对于巴西“彩色宝石”身价的提高，具有更深层的意义。到了 20 世纪 80 年代，H·史登公司仅次于瑞士的布希瑞（Bucherer）、美国的哈利·温顿（Harry Winston）和蒂凡尼（Tiffany）三家公司，成为国际四大珠宝首饰巨头之一。

8）哈利·温斯顿（Harry Winston）

Harry Winston 珠宝是享誉全球超过百年的超级珠宝品牌。除伊丽莎白女王、温莎女公爵等王室贵族之外，好莱坞知名影星玛丽莲·梦露更是 Harry Winston 珠宝的偏爱者。当玛丽莲·梦露戴上 Harry Winston，她们已将彼此视为知己：一个有倾国倾城的容貌，一个能以富可敌国的身价匹配。只不过，梦露早已西去，Harry Winston 却仍是享誉全球的超级珠宝品牌。

9）蒂芙尼（Tiffany）

Tiffany & Co 创建于 1837 年，刚开始是以银制餐具出名，在 1851 年推出了银制 925 装饰品而更加著名。1960 年好莱坞著名女星奥黛丽·赫本出演的《蒂芙尼早餐》就是以 Tiffany 命名的。Tiffany 作为美国设计的象征，以爱与美、罗曼蒂克与梦想为主题风誉了近两个世纪，它以充满官能的美以及柔软纤细的感性满足了世界上所有女性的幻想和欲望。

10）梵克雅宝（Van Cleef & Arpels）

Van Cleef & Arpels 的故事开始于一段美好的姻缘。19 世纪末，Estelle Arpels 和 Alfred Van Cleef 的结合促成了 Van Cleef & Arpels 于 1906 年的诞生。那一年，他们在法国凡顿广场 22 号设立了 Van Cleef & Arpels 的第一家精品店。从此，Van Cleef & Arpels 坚持采用上乘宝石和材质，加以精湛的镶嵌技艺、匠心独具的设计，成就了其不朽的传奇。Van Cleef & Arpels 自诞生已来，便一直是世界各国贵族和名流雅士特别钟爱的顶级珠宝品牌。从温莎公爵夫人、摩纳哥王后 Grace Kelly、伊朗国王与皇后，到现今的好莱坞巨星 Sharon Stone、Julia Roberts 以及中国影星章子怡，无不选择 Van Cleef & Arpels 的珠宝，以展现他们尊贵的气质与风采。

问题讨论：珠宝企业为什么要打造品牌？

5.3.1.1 知识链接

1）品牌

(1)定义

美国市场营销学会对品牌的定义是：品牌是一种名称、术语、标记、符号或设计，或是它们的组合运用，其目的是用以辨认企业的产品或服务，并使之与竞争对手的产品或服务区别开来。

(2)品牌特征

①品牌是企业的一种无形资产，品牌是有价值的。

品牌资产是一种无形资产，品牌资产主要包括品牌忠诚度、品牌认知度、品牌感知质量、品牌联想、其他专有资产(如商标、专利等)。品牌资产是可以评估、量化的。例如"周大福"珠宝品牌位列由世界品牌实验室和世界经理人周刊联合评定的2011"中国500最具价值品牌排行榜"第47位，品牌价值197.7亿元。

②品牌具有一定的个性。

品牌个性的形成是企业长期有意识培育的结果，它来自多种因素。产品是品牌的物质载体，可以向消费者提供功能利益、情感利益和自我表现利益，是形成品牌个性的主导力量。产品的包装、价格很容易直接凸显品牌个性。品牌目标消费者不同，其给人的感觉和印象就会有所不同，品牌的广告宣传也可塑造品牌形象，显示品牌个性。

③品牌具有排他专有性。

品牌是用以识别生产者或销售者所提供的产品或服务的。品牌拥有者经过法律程序的认定，享有品牌的专有权，有权要求其他企业或个人不能仿冒、伪造。

④品牌是以消费者为中心的。

没有消费者，就没有品牌。品牌与消费者关系的发展与维系是品牌价值的最好表现。当品牌与消费者建立了深度关系，即能让消费者体验到品牌所代表的利益，消费者就会主动购买品牌产品，对品牌忠诚，而且愿意为此支付较高的价格。市场是品牌的试金石，消费者才是评判品牌优劣的权威。

⑤品牌是企业竞争的重要工具。

企业竞争的实质是品牌的价值。当前珠宝产品的质量、价格、促销、广告等大同小异、难分伯仲，甚至可以相互替代，只有品牌才是珠宝企业的核心竞争力。品牌是企业所特有的，是竞争对手不易甚至是无法模仿的。企业的品牌强，则产品可比竞争者卖更高的价格，获取超额利润。品牌代表企业形象，是一面旗帜，能为企业占领、扩大市场，带来丰厚效益。品牌的魅力无穷，已成为珠宝企业决胜市场的战略工具。

(3)品牌与商标

品牌(Brand)与商标(trade mark)既有联系又有区别。商标是产品文字名称、图案记号或两者相结合的一种设计，经向有关部门注册登记后，经批准享有其专用权的标志。我国已正式颁布《商标法》。商标注册人享有商标专用权，受法律保护，假冒商标、仿冒商标、抢先注册都构成商标的侵权，品牌与商标都是无形资产，都具有一定专有性，其目的都是为了区别于竞争者，有助于消费者识别。

品牌与商标不同的是：品牌无须办注册，一经注册，品牌就成为商标了。商标一般都要注册，它是受法律保护的一个品牌或品牌的一部分，其产权可以转让和买卖；品牌主要表明产品的生产和销售单位，而商标则是区别不同产品的标记；品牌比商标有更广的内涵，品牌代表一定文化，有一定个性，而商标则是一个标记；一个企业品牌和商标可以是相同的，也可以不相同。

2）品牌资产

品牌资产(brand equity)是品牌给产品带来的超越其功能的附加价值或附加利益，品牌资产是一个系统概念，它由一系列因素构成，如图5-4所示。

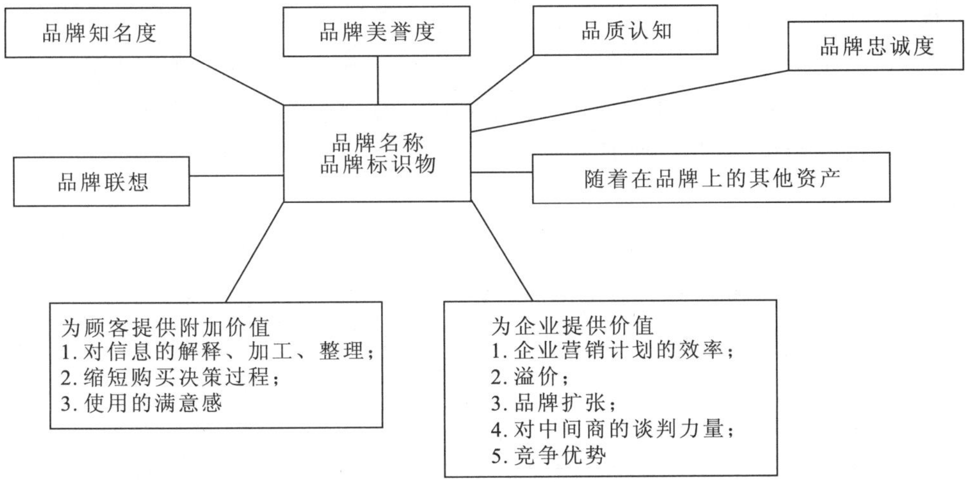

图5-4　品牌资产的构成

品牌名称和品牌标识物是品牌资产的物质载体，品牌知名度、品牌美誉度、品质认知、品牌联想、品牌忠诚度和附着在品牌上的其他资产是品牌资产的有机构成，为消费者和企业提供附加利益是品牌资产的实质内容。

(1)品牌命名的原则

①易读、易记原则。

在产品品牌的汪洋大海中,要想使品牌被消费者记住,首要的一点是,品牌名称应让消费者易读、易记。品牌名称只有易读、易记,这样才能高效地发挥它的识别功能和传播功能。如何使品牌名称易读、易记呢?这就要求珠宝企业在为品牌取名时做到以下几点:

■简洁。名字单纯、简洁明快,易于传播,如“周生生”、“TTF”等。

■独特。名称应具备独特的个性,避免与其他品牌名称混淆,如“行行行”、“爱迪尔”等。

■新颖。这是指名称要有新鲜感,赶时代潮流,创造新概念,如“瑞红”、“I Do”等。

■响亮。这是指品牌名称要易于上口,难发音或音韵不好的字,都不宜作名称。

■高气魄。这是指品牌名称要有气魄,起点高、具备冲击力及浓厚的感情色彩,给人以震撼感,如“老凤祥”、“百泰”等。

②暗示产品属性原则。

品牌名称还可以暗示产品某种性能和用途。例如“钻之韵”,暗示该产品为钻石,韵味十足。

③启发品牌联想原则。

正如人的名字普遍带有某种寓意一样,品牌名称也应包含与产品或企业相关的寓意,让消费者能从中得到有关企业或产品的愉快联想,进而产生对品牌的认知或偏好。如“翡翠物语”,让人联想到历史悠久的玉文化。相反,如果品牌命名不当,容易引起人们的反感,甚至引起法律纠纷。

④与标志物相配原则。

品牌标志物是指品牌中无法用语言表达但可被识别的部分,当品牌名称与标识物相得益彰、相映生辉时,品牌的整体效果会更加突出。例如,有些还在牙牙学语的幼儿只要看到麦当劳醒目的黄色“M”时,便要想到要吃汉堡包。

⑤适应市场环境原则。

不同国家或地区消费者因民族文化、宗教信仰、风俗习惯、语言文字等的差异,使得消费者对同一品牌名称的认知和联想是截然不同的。因此品牌名称要适应目标市场的文化价值观念。在品牌全球化的趋势下,品牌名称应具有世界性。企业应特别注意目标市场的文化、宗教、风俗习惯及语言文字等特征,以免品牌名称在消费者中产生不利的联想。

⑥受法律保护原则。

品牌名称受到法律保护是品牌被保护的根本。企业在命名时就应遵循相关的法律条款。品牌名称的选定首先要考虑该品牌名称是否有侵权行为,企业要通过有关部门,查询是否已有相同或相近的品牌被注册,如果有,则必须重新命名。其次,要注意该品牌名称是否在允许注册的范围以内。

3）品牌策略

(1)单一品牌策略

单一品牌策略就是企业的多种产品使用同一品牌，即企业所有产品均使用同一个品牌，而这些产品的目标市场和定位可能都不一样，产品宣传的创意和组织活动分别单独进行。珠宝企业多采用单一品牌策略，如周大福珠宝、周生生珠宝、爱迪尔珠宝等。

(2)多品牌策略

也叫产品品牌策略，即一种产品赋予其一个品牌、一种市场定位的策略，它有助于最大限度地形成品牌的差别化和个性化。实行这种策略的企业以品牌为单位组织开展营销活动，每个品牌都有其独特的定位和市场区域。由于多品牌策略对企业及产品市场规模的要求，采取此品牌策略的珠宝企业尚为数不多。

多品牌策略的优点主要有：多个品牌使企业有机会最大限度地覆盖市场；多品牌提供了一种灵活性，有助于限制竞争者的扩展机会；突出和保护核心品牌。多品牌策略也会开来很多问题，如品牌之间会相互竞争、品牌推广成本高等。

多品牌策略实施要点：

- 各品牌之间实施严格的市场区隔并协同对外，兄弟之间不打架。
- 在营销和广告策略上应充分体现各品牌之间的差异。
- 新品牌的独特卖点应有足够的吸引力。
- 采用“一品多牌”要依据产品与行业特点而行。
- 每一品牌所面对的细分市场具有规模性。
- 顺应市场的需要及时调整品牌数量与定位。
- 充分考虑风险性。

(3)复合品牌策略

复合品牌是企业所生产的产品同时采用两个品牌名称，实务运作上可以结合企业名称和品牌名称，也可以将品牌名称和产品名称结合应用。复合品牌策略的主要思考是想借助公司形象或品牌名称的加持，达到品牌应用的相乘效果。尤其是形象良好的公司，广受到认同的品牌，沿用来营销公司所生产的新产品，效果往往非常显著。如吉列公司其生产的刀牌品牌名为“Gilletle，Sensor”。其中“Gilletle”是注册品牌，表明是吉列公司所出，为该刀牌提供了吉列公司的支持和信用；而“Sensor”是主导品牌，说明了该刀片的特点。在全世界位列前20名的日用品品牌中，52%的产品使用注释品牌策略。珠宝企业使用复合品牌策略的并不多。

总的来说，各种品牌策略各有优缺点，必须灵活加以运用。选择品牌策略，重点要考察行业的竞争程度和是否进入了非大众化市场两个指标。竞争程度越低，大众化趋势越明显，竞争焦点仍是产品质量，易采用单一品牌策略；反之，竞争程度越高，非大众化趋势越明显，竞争焦点从质量上升到特色，易采用多品牌策略。

5.3.1.2 案例分析

【案例 5 - 6】

粤豪珠宝品牌策略

早在 20 世纪 90 年代初期，粤豪珠宝的前身——隆进首饰公司在广东汕头市成立，随着公司的飞速发展，隆进将总部移师到全国珠宝产业基地——深圳，首饰的出货量在当时也位居国内同行业前列。2003 年，粤豪珠宝有限公司成立。

目前，粤豪珠宝公司下有“隆进”、“简金品”、“玉翠山庄”、“ VVS”等四大行业内颇具影响力的注册首饰品牌，打造了黄金、铂金、K 金、镶嵌和宝玉石等多产品的企业模式。其中“隆进”品牌专注于黄金、铂金系列素金首饰；“简金品”是一个以经营高档时尚 K 金为主的高档首饰品牌；“玉翠山庄”专营翡翠饰品；“VVS”专营钻石镶嵌产品。

“隆进”品牌迎合传统、不断超越，已成功推广了许多产品系列，其中具有代表性的有：专为时尚女性开发的黄金套装《金色时代》、《花样年华》、《结婚真好》；结合中华文化传统开发的收藏品系列——《华夏威龙》、《三羊开泰》、《金鸡献瑞》；为情侣设计的互赠精品系列——《真爱密码》、《瓶定金生》、《天使之恋》；专为儿童开发的少儿饰品系列——《宝贝金》、《贝贝熊》、《音乐盒》、《宝宝印》等。

“简金品”品牌从“复古风格”到“装饰主义”，从“镂通刻花”到“彩宝镶嵌”，在 K-gold 的魅力舞台上，“简金品”金彩绽放。

问题讨论：粤豪珠宝采用什么样的品牌策略？这种策略有什么优缺点？

____

____

____

5.3.1.3 任务实施

任务：确定某珠宝新品牌名称及品牌策略。

任务实施步骤：

- 市场调查，了解目标人群需求及竞争对手品牌策略。
- 讨论确定品牌名称及品牌策略。

■ 撰写某珠宝新品牌策略，撰写要求及评分标准见表5-3。

表5-3 撰写要求及评分标准

要　　求	权重
市场调查准确	20%
品牌名称新颖、易记	30%
品牌策略合理	35%
文字规范、简洁	15%

5.3.2 品牌管理

【案例5-7】

高端礼品珠宝领军品牌——"瑞红"

中外合资(深圳)瑞红首饰有限公司，由深圳瑞合投资发展有限公司与美国知名珠宝PAJ集团于2006年合资成立，是以时尚首饰、奢侈品、艺术品开发为产品核心，集研发设计、生产加工、品牌推广、销售业务为一体的大型创新型企业集团。

面对中国珠宝品牌纷纷以白色首饰(钻石镶嵌)、黄色首饰(黄金首饰等)以及品牌定位不清晰的"彩宝"饰品唱主角的"同质化"大环境，"瑞红"以精锐的触觉和独特的高端礼品珠宝定位，从纷繁的中国珠宝品牌中脱颖而出，真正赋予中国珠宝新的创意理念，明确了"瑞红·红色珠宝店"的品牌定位。"瑞红"的主体消费群是崇尚文化品位和独特时尚精品生活的所有消费人群，其中尤以35岁以上知性、感性和时尚的高收入女性为主体消费群。

■ 一个有故事的品牌

以"中国红"为特色，以中国五千年的文化历史为素材，只设计艺术品，让全世界分享瑞红的创意，分享"中国红"的时尚文化。

■ 一个迅猛成长的品牌

自2007年4月成立，"瑞红"短短5年多已发展成为目前销售额过亿的企业，全国拥有一百多家店铺，覆盖机场、商场、旅游、高铁四大渠道，销售网点覆盖全国32个省、市、自治区、直辖市。其迅猛发展的速度使其成为珠宝界备受关注的新星，也成功开启了珠宝企业在机场销售渠道上的成功营运模式。

■ 一个专业化运作的品牌

自成立伊始，"瑞红"就倾力打造职业经理人管理团队，突破珠宝企业家族化的传统。目前各个环节已建立成熟的运作模式和SOP标准化操作流程，并已成功上线ERP管理系统。

■ 一个国际化的民族品牌

“瑞红，是我在中国购买的唯一的珠宝。”世界免税品协会（Tax Free World Association，TFWA）总裁夏立欧（Olivier Charriaud）如是说。目前，瑞红香港、北京、广州、深圳、杭州等地二十余家机场店和北京前门、云南丽江等众多著名旅游景点的“印象瑞红”店，每天都在接待着来自全球各地、说着不同语言、有着不同肤色的游客朋友。

■ 一个有社会责任感的品牌

瑞红联手广东狮子会成功举办“明亮中国”、“世博同行”等大型慈善公益活动。“瑞红”一再强调，一个成功的企业，必须是一个有社会责任感的企业。

■ 一个有发展前景的品牌

“瑞红”的业绩已引起众多投资者的关注，多家风险投资纷纷递出橄榄枝，“瑞红”高层不为所动，他们坚信，坚实的地基是摩天大楼的基础，对于“瑞红”的宏伟目标来说，现在仅仅是开始。

问题讨论：“瑞红”在努力打造一个什么样的品牌？成功的原因是什么？

____

____

____

5.3.2.1 知识链接

目前，国内珠宝市场上产品较为“同质化”，互相抄袭较多。产品很容易被竞争者模仿，但品牌却是独一无二的；产品极易迅速过时落伍，但成功的品牌却能持久不衰，品牌的价值将长期影响企业。珠宝企业必须进行品牌管理，品牌管理即是为培育品牌资产而展开的以消费者为中心的规划、传播、提升和评估等一系列的战略决策和策略执行活动。珠宝品牌管理的主要内容有品牌的调研与测试、品牌推广、品牌维护等。

1）品牌调研与测试

（1）产品概念

了解消费者对珠宝产品概念的理解程度，是否符合企业事先设计的策略，同时也检验这种策略是否正确，这样有助于珠宝企业开发出真正符合市场需求的产品。

（2）品牌概念

了解消费者对珠宝品牌概念的理解程度，并与企业的品牌设计意念进行对比，找出差距加以调整，使之始终配合品牌概念的发展。

(3)品牌知名度

了解消费者对珠宝品牌的认知程度,以此检验企业的传播策略是否有效,这也是品牌价值的直观判断标准之一。

(4)品牌美誉度

了解消费者对于珠宝品牌的感情,以此检验品牌在传播过程中是否准确传达了策略,或者说是否准确打动了消费者。

(5)品牌联想

了解消费者对珠宝品牌的直观认知,以此判断品牌的诉求是否反映了品牌的内涵,关系着品牌价值的实现。

表 5-4 品牌人格谱

品牌线	人格	品格
成长线	姓名	品牌名
	年龄	品牌历史
	籍贯	品牌出生地
	教育	品牌文化内涵
	性格	品牌个性
	外貌特征	品牌形象
事业线	信条	品牌口号
	规划	品牌战略
	专长	品牌定位
爱情线	初识	品牌知名度
	好感	品牌美誉度
	忠诚	品牌忠诚度
	故事	品牌联想
家庭线	家庭结构	品牌格局
	遗传基因	品牌核心价值
	兄弟姐妹	并立品牌
	子女	分品牌

2) 品牌推广

(1)品牌的市场定位

品牌定位的关键在于两点:本品牌在消费者心目中的位置和与竞争品牌的差别,这是定位的原则。据此可以发展出3种主要的定位策略:一是强化本品牌在消费者心目中的现有地位;二是从全新视角寻找未满足消费者需求的市场空隙,尽量成为消费者心目中的第一位；三是根据竞争形势对本品牌进行重新定位。这 3 种策略各有成功之处，其核心在于对市场的准确把握。

(2)品牌的整合传播

①制订品牌传播目标。

制定目标要符合 SMART 原则

■ S——SPECIFIC(具体)，是指能准确说明要达到的最终结果，包括品牌的知名度、美誉度、试用率、占有率等。

■ M—— MEASURABLE(可衡量)，是指目标要以可考评的绩效标准来衡量成果，要确定品牌知名度、美誉度、试用率的具体数字。

■ A——ACHIEVABLE(具挑战性)，是指设计的目标实现起来要有一定的困难，并不是轻而易举地达到的，然而也并非不能达到的，需要努力才行。

■ R——RELEVANT(现实)，是指在设定目标时，根据市场调研结果及各种资源和能力来看是可以达到的。

■ T——TIME FRAMED(时间限制)，是指目标的完成日期，包括中长期的最后期限及短期内可调整(因具体情况而变)的期限。

②选择恰当的传播对象。

在品牌传播过程中，要特别注意的是一定不能脱离目标消费群体，要保证传播资源的针对性，不少品牌在传播时总是想取得所有群体的支持，往往将品牌表现得面面俱到，但这样也就失去了品牌的特性，什么都想得到反而什么也得不到。

③选择合适的传播形式。

当今是一个传媒日益丰富的时代，更是一个选择多样化的时代。电视广告的威力正在受到威胁，迅速增加的电视频道分化着消费者的注意力，而遥控器也使得品牌要产生足够的影响力将会比以前付出更多的资源；报纸和杂志趋向于细分化，在资讯丰富的时代，大众化的媒体将日趋没落，崛起的媒体将是能充分满足特定消费群体的形式。因此在这种变化下，珠宝品牌必须要对各种媒体进行详尽分析，选择能满足目标消费群体需求的媒体进行传播，并且充分利用媒体广告、公关活动、营销事件及新闻报道等多种形式，如此方能准确、有效地传播品牌。

④对各种形式进行整合。

即在品牌的传播过程中，综合各种传播方式的特点，将广告、公关、事件、新闻等各种传播形式有机地整合起来，更有效地强化品牌的传播力量。品牌传播的整合具有策略性和动态性，策略性要求品牌的传播必须符合策略的规划，针对品牌的目标群体，运用统一的传播主题；动态性则要求品牌的传播必须循序渐进，充分考虑品牌的成长规律，根据市场和竞争态势将传播分为不同的发展阶段，每个阶段都有相应的品牌发展目标和传播重点。

⑤品牌与消费者的互动。

其重点在于密切关注消费者从品牌中获得的利益、对于品牌的态度及其变化。通过这种关注，可以掌握品牌的发展动态，诸如消费者能否顺利获得品牌、对品牌的认知程度、品牌提供的利益是否符合消费需求、品牌知名度等指标的变化程度等等，从而可以维护品牌的健康成长。

3）品牌维护

（1）品牌发展的跟踪

必须建立一套制度如品牌指数评估体系，对品牌的发展状态保持跟踪测试，定期收集各项品牌指标的数据，并加以分析，通过品牌指标的变化程度来评估品牌推广的成效。

（2）品牌的延伸

当珠宝企业增加产品或进入新行业时，将会涉及到品牌的多元化应用，无论是“一牌一品”策略还是“一牌多品”策略，都要根据具体的情况加以分析，要对品牌进行详尽的评估，充分了解消费者的认知和市场的竞争态势，同时还要考虑企业的资源条件，谨慎地确定品牌的延伸决策。总体而言，品牌的核心价值在于专业优势，因此不要轻易地采取品牌延伸策略。

（3）品牌的重新定位

随着市场竞争态势的不断发展，各种复杂的因素对珠宝品牌的成长都会产生影响，有可能品牌的初始定位已经不符合当前的现实状况，那就必须对品牌进行重新定位。重新定位的重点仍然是遵循对于消费心理和竞争态势的准确把握，同时对于消费需求以及市场发展的趋势都要有清晰、准确地判断，如此才能保证品牌定位的稳定性，否则品牌定位的不断变动将会影响到品牌价值的实现。因此，品牌定位或重新定位的原则都在于：保持稳定，动态调整。要做到这点，就要避免品牌定位发生大的动荡，也就必须依靠专业的品牌指数评估体系，尽量使品牌保持健康的发展状态。

5.3.2.2 案例分析

【案例 5－8】

飞跃的荣耀——“TTF”珠宝

“TTF”珠宝是集设计、生产、品牌运营管理于一身的全球顶级珠宝品牌供应商，一直秉承“品质创造价值”的经营理念，以专有技术为支撑，以原创设计为核心，以品牌管理为手段，致力于打造国际高端珠宝品牌。

2010 年 3 月 19 日，从瑞士传来捷报，中国珠宝企业“TTF”成功入驻巴塞尔 2.0 馆，于开幕当日举办的“中国珠宝市场国际合作高峰论坛”也大获成功，来自世界各地的客商与国际高端媒体共同见证了此次会议。2011 年 3 月，“TTF”获邀永久入驻国际顶级珠宝品牌展 2.1 馆，成为继 MIKIMOTO、BEAUTY GEM 后的第三家永久入驻瑞士巴塞尔钟表珠宝展 2.1 馆的亚洲珠宝企业。

首家“闯入”2号厅的中国珠宝首饰商

2009年，“TTF”作为首家中国展商在3号展厅得到了一席之地，已经让中国同行羡慕不已。然而，还是这家中国珠宝商，在走出国门仅仅五年之后，“跳级”般迅速进入2号高级珠宝首饰展厅，令世界为之瞩目。2010年瑞士巴塞尔国际钟表珠宝展2.0馆参展商除了江诗丹顿、劳力士、芝柏表等著名顶级腕表品牌外，以Harry Winston、Bvlgari、Cartier、Tiffany & Co.等为代表的国际珠宝品牌都有参加。从3号馆进入2号馆，对珠宝品牌来说，是一道不容易跨过的坎。为了这一步，施华洛世奇曾足足努力了20年。“TTF”成为中国首家进驻瑞士巴塞尔国际钟表珠宝展顶级国际品牌馆2号馆的珠宝首饰商，也是100多年来第一家进驻此馆的中国珠宝企业。

用东方原创擦亮“中国”二字

“TTF”每年都把最尖端的产品带到巴塞尔来，目的在于找到差距，向国际水平看齐。在展览进行过程中，“TTF”也会找到商机。事实上，“TTF”走出国门参加巴塞尔展等高端展会，为公司带来了很好的效益，比如2009年参加巴塞尔展之后，“TTF”推出了显微悬浮镶嵌技术，之后就接到了来自日内瓦一个客户镶嵌100万粒珠宝的订单；而2010年，“TTF”最新推出的来自西藏的太阳石奢华系列，也在香港展览会上受到了极大的关注。

作为中国珠宝首饰产业的代表，“TTF”的产品、设计和工艺在国内甚至国际同行中脱颖而出，让国际上对来自中国的宝石、技术、设计刮目相看，中国的产品不再被视为廉价产品。“TTF”拥有数项中国专利技术，如素面彩色宝石密钉镶嵌技术和显微悬浮镶嵌技术，永久性地解决了14K、18K玫瑰金变色和断裂难题。

莫斯科时间2009年8月1日，“TTF”珠宝莫斯科店终于在繁华的莫斯科中央区老阿尔巴特大街开业了。“TTF”莫斯科店逾200平方米，地处莫斯科繁华地带临近莫斯科著名的红场，年销售额超过300万美元。由“TTF”珠宝俄罗斯地区独家代理商LUXURY投资，“TTF”深圳总部策划和设计，集中了“TTF”所有畅销欧洲的系列款式，彩宝、K金镶嵌及水晶饰品应有尽有。莫斯科新店的开幕是“TTF”国际高端品牌之路的一个良好起步。

中国珠宝：高端品牌呼之欲出

欧洲平均每个女性拥有23件首饰，日本女性平均拥有12件首饰，而中国女性平均只有2件，未来中国珠宝首饰市场潜力巨大。中国这么大的市场不应该拱手让给外国品牌，应该出现本土的国际高端品牌。目前在中国内地，高端市场被外国品牌牢牢把持，本土品牌固守在低端市场上，而中高端市场基本是空白，中国珠宝企业应该抓住机遇，填补这项空白。“TTF”珠宝计划在未来10年内成为真正意义上由中国人掌控的国际高端珠宝品牌。

问题讨论：“TTF”是如何进行品牌管理的？可取之处在哪里？

5.3.2.3 任务实施

任务：制定某珠宝新品牌推广方案。

任务实施步骤：

- 市场调查，了解目标人群需求及竞争对手品牌推广策略。
- 讨论确定品牌定位。
- 讨论确定品牌推广方法。
- 撰写某珠宝新品牌推广方案，方案要求及评分标准见表5-5。

表5-5 方案要求及评分标准

要　求	权重
市场调查准确	20%
品牌定位准确	30%
品牌推广方法有效、可行	35%
文字规范、简洁	10%

工作任务6　珠宝渠道建立及控制

项目目标与要求

- 能够设计珠宝企业的分销渠道
- 能够制定珠宝企业分销渠道的管理措施

6.1　设计珠宝企业的分销渠道

6.1.1　案例解析

【案例 6－1】

“戴维尼”颠覆传统渠道，分享钻石饕餮盛宴

钻石在线销售自 20 世纪 90 年代末首先在美国兴起之后，就以价格低廉、公开透明征服了无数消费者，在全球方兴未艾。Blue Nile（蓝色尼罗河）是全球最大的在线珠宝零售商，主营业务就是钻石，几年时间就敲响了纳斯达克的上市之钟，创造了奢侈品品牌的一个奇迹，也给传统珠宝行业敲响了警钟。Blue Nile 把身后最大的三家竞争对手——宝格丽、卡地亚和蒂凡尼远远抛在身后，网络营销是其克敌制胜的不二法宝。国内众多的钻石在线销售网站都无一例外地将 Blue Nile 作为其模仿和超越的对象。

“戴维尼”珠宝自 2006 年 11 月开始网站运营，是上线较晚但出货率较强的一家公司，在技术指标、在线客户数、用户量、购买量等方面，“戴维尼”都稳居前列。“戴维尼”现在已自负盈亏，并获得了风险投资的青睐，成为中国的“蓝色尼罗河”。

与传统的珠宝行业相比，电子商务的独特魅力就在于可以将产品成本控制得很好，除去了昂贵的店铺租金及相关费用，“戴维尼”售出的钻石每克拉售价都比市面低 30%～70%，在保证产品质量和服务的情况下，更多地让利消费者是“戴维尼”区别于传统珠宝实体店最根本的优势。除了价格优势之外，“戴维尼”的另一项优势就是它的客服人员都经过了专业培训，除了具有专业知识之外，在每笔订单中，“戴维尼”的客服人员都会与客户有一个长达 7 天的网络上一对一的沟通，这也是“戴维尼”相较于传统珠宝行业的优势。2007 年“戴维尼”的平均月销售额为 140 万～150 万元，不论是销售额还是客户量都一直呈稳定的增长趋势。

“戴维尼”把高科技网络“武装”传统的珠宝行业，用全新的销售模式彻底颠覆着传统的珠宝行业。它凭借其在业内的良好声誉和资源优势，得到全球著名钻石商戴比尔斯的支持，使之为其提供高品质的钻石，并依托中国珠宝产业群，将目前市场上几乎所有的精品珠宝首饰款式尽数收入囊中，通过精心打造的、国内一流的供应链管理系统大幅度降低了企业营运成本，从而大大降低了产品的零售价。只需要很少的库存就能够完成钻石的销售，并且省掉了店面的成本。

目前，"戴维尼"与工商银行、招商银行、农业银行、中国银联、支付宝等有公信力的机构建立了深入的战略合作，获得最有影响力的媒体——《福布斯》、《哈佛商业评论》、新浪网、《IT 经理世界》的报道与认可，并与"中国驰名商标"周大生结盟，共同打造顶级网络珠宝品牌。2007 年 3 月，"戴维尼"被《福布斯》评为"2007 最具潜力的 B2C 电子商务平台"；6 月，获得中华人民共和国国家版权局颁发的戴维尼网站著作版权证书，并有多项国家发明专利，成为当时中国唯一一家获得版权证和多项国家专利的珠宝网站；9 月，"戴维尼"参选案例荣获哈佛《商业评论》"管理行动奖"，并获阿里巴巴 2007 年度"十大网商诚信先锋网商"；等等。

问题讨论："戴维尼"销售钻石与传统的珠宝店有什么不同之处？

____

____

____

6.1.2 知识链接

在产品、价格乃至广告"同质化"趋势加剧的今天，单凭产品优势来赢得竞争已经非常困难，只有通过"渠道"和"传播"才能真正创造差异化的竞争优势。渠道是指产品由生产者向消费者转移过程中，由一系列机构所组成的途径和通道网络。

1）分销渠道的类型

(1)直接渠道与间接渠道

按流通环节的多少，分为直接渠道与间接渠道。直接渠道与间接渠道其区别在于有无中间商。

①直接渠道。

直接渠道指企业不通过中间商环节，直接将产品销售给消费者。直接渠道是最简单、最直接的一种渠道。其优点是产销直接见面，环节少，有利于降低流通费用，及时了解市场行情，便于企业开展维护服务等。其不足表现在：由于企业自办销售直接为顾客服务，所以必须承担销售所需的全部人力、物力和财力，在市场相对分散的情况下，将使企业背上沉重的负担，会给企业的生产经营活动带来不利影响。珠宝企业很多采用直接渠道，由企业自行开设直营实体店（主要有专卖店、商场专柜等）和直营网店（如企业自建的独立网络购物平台,企业在淘宝、京东商城、易趣、钻石小鸟等第三方网上购物平台开设网店等)。

珠宝网络销售渠道是近几年新兴的一种渠道类型。网络是一个非常好的销售平台,它可以大大地降低各种成本,减少中间环节,使产品的价格降到最低;同时网络还具有覆盖范围广,方便、快捷等优势,受到消费者尤其是中、青年消费者的欢迎。目前国内市场以网络销售渠道为主的珠宝商包括珂兰、九钻、佐卡伊、钻石小鸟、欧宝丽、戴维尼等100余家企业。一些传统珠宝品牌也逐步开拓网络销售渠道,希望借助雄厚实力和品牌形象的优势来抢占珠宝电子商务的市场。"周大福"已于2011年10月1日高调上线自己的B2C(Business to Customer)网站,除了出售实体店全系列产品之外,还出售网络专供款式,加上折扣优惠,以此来吸引更多顾客,抢夺线上市场;"周生生"也已入驻淘宝商城,开设网络旗舰店。目前在淘宝网上开设的珠宝/钻石/翡翠/黄金类商家共有21 000多家,而饰品/流行首饰/时尚饰品类更是达到了71 000多家。

目前的国内珠宝网络销售渠道除了以钻石小鸟为代表的"鼠标+水泥"(指既有线上渠道,又有实体体验店)的模式以外,还存在以"戴维尼"为代表的纯网店销售模式以及以新钻网为代表的珠宝品牌网上商城销售模式。前者是以单独的品牌网店,为消费者提供B2C的珠宝消费方案;后者则是实体商城的虚拟化,提供虚拟平台,整合珠宝品牌,提供品牌销售方案。

电视购物也是近年来新兴的一个销售渠道。电视购物最早是从美国开始,电视购物相比较于网络购物,有着其天然的优势。电视频道在中国的权威性很高,其品牌的美誉度远远高于商业网站。另外,电视频道可以开办网站从事电子商务,并通过电视+电话(短信)+直邮目录等多种方式满足用户的购买需求,但网站则不能开办电视频道。而电视购物频道卖场直播的巨大感染力也是网上购物所不具有的。长版本的电视购物节目能够通过图像、画面、声音等很好地展示珠宝产品,清晰地表达出产品的"卖点"。在电视购物节目中,节目主持人在前台介绍产品,大多数珠宝产品都由模特来展示,再加上节目主持人的讲解、现场灯光、特写镜头等的配合,吸引力很强。目前,天天购物、宜和购物、快乐购物、家有购物等电视购物频道都有珠宝产品销售。很多知名珠宝企业如翠绿珠宝等都纷纷与这些电视购物频道合作,取得了不俗的销售业绩。

珠宝企业还可以参加国内外各种业内的珠宝展会销售产品,如国际著名的瑞士巴塞尔钟表珠宝展、美国拉斯维加斯珠宝展、意大利维琴察珠宝展、香港国际珠宝展、深圳国际珠宝展等。

【案例6-2】

钻石网络销售

钻石网络销售最为成功的是美国Blue Nile(蓝色尼罗河)的公司,该公司于1999年成立,没有一家专卖店,只依靠网站www.bluenile.com进行钻石、珍珠、铂金、银、黄金等首饰销售。Blue Nile在2004年的销售总额一举超越了Bvlgari、Cartier和Tiffany三大著名珠宝品牌的销售总和,在钻戒的销售排行上紧追Tiffany。Blue Nile于2004年成功地在美国 Nasdaq 上市，每年的销售额都突破3亿美元。2008年第三季度的净销售额比上年同期增长了26.5%，达到6 740万美元。

目前珠宝网络销售的交易模式有很多种，单纯线上即是指没有实体店铺，完全通过网络进行产品的展示和交易；而“鼠标＋水泥”是指既有线上渠道，又有实体体验店或专柜。对于珠宝产品而言，“线上＋线下”模式可以增强消费者信心促进交易的达成，但同时增加了中间环节提高了成本，并且不利于消费习惯的改变。“蓝色尼罗河”的成功说明单纯线上是可行的，它靠的是极强的品牌信誉度、安全的网上交易方式以及“30天免费退换货”制度。

②间接渠道。

间接渠道指企业通过中间商环节把产品送达消费者手中。基本模式为：生产者——中间商——消费者。优点是：中间商的介入，分担了企业的经营风险；借助于中间商，可增加产品销售的覆盖面，有利于扩大产品市场占有率。缺点是：中间环节太多，会增加流通时间和费用，市场信息反映不及时、不直接，中间商的售后服务经常不能使消费者满意。近年来，珠宝行业也兴起了加盟连锁经营，有些珠宝企业的加盟连锁规模已经达到两千多家，这种渠道类型即为间接渠道。珠宝企业借助加盟商可迅速拓展市场，提高市场占有率。

(2)长渠道和短渠道

按通过流通环节的多少分为分长渠道和短渠道。长渠道是指在销售过程中企业利用两个或两个以上的中间商分销产品，短渠道企业仅利用一个中间商或企业自己销售产品。渠道级别及结构见表6－1。

表6－1 渠道级别及结构

渠道级别	销售渠道结构
0级销售渠道	生产者→消费者
1级销售渠道	生产者→零售商→消费者
2级销售渠道	生产者→批发商→零售商→消费者
3级销售渠道	生产者→代理商→批发商→零售商→消费者
	生产者→批发商→中间商→零售商→消费者

长渠道优点是有效覆盖市场，增加销售，充分利用中间商职能，市场风险小。缺点是信息反馈差，渠道关系复杂，产品价格高，不利于竞争。短渠道优点是流通环节少，费用低，价格低，信息传播和反馈速度快。不足之处是企业承担过多商业职能，不利于集中精力生产。生产批发型珠宝企业多采用长渠道，珠宝产品经过1～3级批发、零售环节到达消费者。零售型珠宝企业多采用短渠道形式，产品经过零售商到达消费者。

(3)宽渠道与窄渠道

渠道宽窄取决于渠道的每个环节中使用同类型中间商数目的多少。企业使用的同类中间商多，产品在市场上的分销面广，称为宽渠道。如某珠宝企业有300多家加盟商，则该企业渠道称为宽渠道。专业性强的产品，或贵重耐用消费品，由一家中间商统包，几家经销，称窄渠道。如某国外珠宝企业进入中国市场，由某珠宝企业总代理，负责其在国内的销售，这种渠道即为窄渠道。

2）珠宝分销渠道设计的影响因素

(1)市场因素

■ 目标市场的大小。如果目标市场范围大，渠道则较长；反之，渠道则短些。

■ 目标顾客的集中程度，如果顾客分散，宜采用长而宽的渠道；反之，宜用短而窄的渠道。

(2)产品因素

■ 产品的易毁性或易腐性。如果产品易毁或易腐，则采用直接或较短的分销渠道。珠宝产品比较精细，应避免碰撞，适合直接或短渠道。

■ 产品单价。如果产品单价高，可采用短渠道或直接渠道；反之，则采用间接促销渠道。珠宝产品属于奢侈品范畴，不适合长渠道。

■ 产品的体积与重量，体积大而重的产品应选择短渠道；体积小而轻的产品可采用间接销售。珠宝产品的体积都比较小，从体积上考虑可采用间接渠道。

■ 产品的技术性。产品技术性复杂需要安装及维修服务的产品，可采用直接销售，反之，则选 择间接销售。珠宝产品的技术性并不太复杂但专业性极强，从技术性考虑适合直接渠道。

(3)珠宝企业本身的因素

■ 企业实力强弱，主要包括人力、物力、财力，如果企业实力强可建立自己的分销网络，实行直接销售；反之，应选择中间商推销产品。

■ 企业的管理能力强弱，如果企业管理能力强，又有丰富的营销经验，可选择直接销售渠道；反之，应采用中间商。

■ 企业控制渠道的能力。企业为了有效地控制分销渠道，多半选择短渠道，反之，如果企业不希望控制渠道，则可选择长渠道。

(4)政府有关立法及政策规定

与珠宝企业相关的政策如专卖制度、反垄断法、进出口规定、税法等都影响珠宝企业对分销渠道的选择，企业应依法选择分销渠道。例如我国目前已取消黄金制品零售管理审批制，取消黄金制品零售业务许可证管理制度，实行核准制，大大降低了黄金零售行业的准入门槛。又如我国钻石税收政策调整，自上海钻石交易所销往国内市场的毛坯钻石，免征进口环节增值税；自上海钻石交易所销往国内市场的成品钻石，进口环节增值税实际税负超过4%的部分由海关实行即征即退。钻石交易所已经成为裸钻销售的一个重要渠道。

(5)消费者的购买数量

如果消费者购买数量小、次数多，可采用长渠道；反之，购买数量大，次数少，则可采用短渠道。国内消费者的人均珠宝首饰拥有量及购买数量还很小，从购买数量上考虑珠宝企业亦选择短渠道。

(6)竞争者状况

当市场竞争不激烈时，可采用同竞争者类似的分销渠道；反之，则采用与竞争者不同的分销渠道。

3）评估选择分销方案

珠宝企业在选择具体的分销渠道模式时，无论出于何种考虑，从何处着手，一般都要遵循以下原则：

■ 畅通高效的原则。

这是渠道选择的首要原则。任何正确的渠道决策都应符合物畅其流、经济高效的要求。产品的流通时间、流通速度、流通费用是衡量分销效率的重要标志。

畅通的分销渠道应以消费者的需求为导向，将产品尽快、尽好、尽早地通过最短的路线，以尽可能优惠的价格送达消费者方便购买的地点。畅通高效的分销渠道模式，不仅要让消费者在适当的地点、时间以合理的价格买到满意的珠宝产品，而且应努力提高企业的分销效率，争取降低分销费用，以尽可能低的分销成本，获得最大的经济效益，赢得竞争的时间和价格优势。

■ 覆盖适度的原则。

珠宝企业在选择分销渠道模式时，仅仅考虑加快速度、降低费用是不够的。还应考虑送达的产品能不能及时准确地销售出去，是否有较高的市场占有率足以覆盖目标市场。因此，不能一味强调降低分销成本，这样可能导致销售量下降、市场覆盖率不足的后果。成本的降低应是规模效应和速度效应的结果。在分销渠道模式的选择中，也应避免扩张过度、分布范围过宽过广，以免造成沟通和服务的困难，导致无法控制和管理目标市场。例如某些珠宝连锁企业一味地迅速扩展，店铺遍地开花，却没有几个加盟商是赚钱的。

■ 稳定可控的原则。

企业的分销渠道模式一经确定，便需花费相当大的人力、物力、财力去建立和巩固，整个过程往往是复杂而缓慢的。所以，企业一般轻易不会更换渠道成员，更不会随意转换渠道模式。只有保持渠道的相对稳定，才能进一步提高渠道的效益。畅通有序、覆盖适度是分销渠道稳固的基础。

各个因素总是在不断变化，一些原来固有的分销渠道难免会出现某些不合理的问题，这时就需要分销渠道具有一定的调整功能，以适应市场的新情况、新变化，保持渠道的适应力和生命力。调整时应综合考虑各个因素的协调，使渠道始终都在可控制的范围内保持基本的稳定状态。

■ 协调平衡的原则。

企业在选择、管理分销渠道时，不能只追求自身的效益最大化而忽略其他渠道成员的局部利益，应合理分配各个成员间的利益。

渠道成员之间的合作、冲突、竞争的关系，要求渠道的领导者对此有一定的控制能力——统一、协调、有效地引导渠道成员充分合作，鼓励渠道成员之间有益的竞争，减少冲突发生的可能性，解决矛盾，确保总体目标的实现。

6.1.3 案例分析

【案例 6－3】

“周大生”珠宝：突破重围 连锁制胜

“周大生”珠宝由海外华人周氏家族于 20 世纪 60 年代在香港创立。经过几十年的创新、进步和发展，营销网络覆盖全国 32 个省、市、自治区、直辖市的 300 多个大、中城市，连锁店/柜已超过 2 000 家。“周大生”荣获 2011 中国 500 最具价值品牌、2011CCTV 中国年度品牌、安永中国最具潜力企业等诸多殊荣。

1）成熟的连锁店运营管理模式打造终端网络

“周大生”直营及加盟店均能如此蓬勃发展，首先得益于其成熟的连锁店运营模式。“周大生”在打开加盟大门之前，已拥有运营管理数百家直营店的行业经验和遍布全国各区域的营销管理团队，形成了集营销管理、销售管理、资金管理、物流管理、信息管理、渠道管理、客服管理等于一体的成熟的连锁店运营模式。所以，在打开加盟大门之后，连锁运营管理模式的效果就凸现出来，加盟店很快能走上正轨，加盟商与品牌都能良久受益。

2）布局二级物流中心渗透区域市场

连锁规模的不断壮大，对公司的整个物流体系提出更高要求。为了巩固和渗透区域市场，2009 年初，公司提出了建立物流网络、在重点区域设立二级物流中心的计划，分别在北京、西安、成都、郑州、武汉、长沙、济南、南京、杭州和沈阳设立 10 个二级物流中心，由这些中心与深圳总部物流中心构成联动网络，辐射全国。二级物流中心的建立，进一步提升了“周大生”品牌在各地区的影响力，增强了品牌竞争优势。

问题讨论：“周大生”珠宝的分销渠道属于哪种类型？有什么优点？

____

____

____

6.1.4 任务实施

任务：根据市场情况设计某珠宝深圳市场的渠道。

任务实施步骤：

- 分析渠道设计的各影响因素。
- 市场调研，选择渠道类型。
- 进行渠道评估。

■ 撰写渠道设计方案，方案要求及评分标准见表 6－2。

表 6－2　方案要求及评分标准

要　　求	权重
市场调研准确	25%
渠道类型合理	30%
渠道评估准确	35%
文字规范简洁	10%

延伸阅读

瑞士巴塞尔钟表珠宝展

巴塞尔钟表珠宝展是世界上最大的钟表珠宝展之一，在瑞士北部城市巴塞尔举行。巴塞尔钟表珠宝展可以追溯到最初举办于 1917 年的 Schweizer Mustermesse Basel(MUBA)“瑞士巴塞尔样品博览会”。现在的巴塞尔钟表珠宝展已经发展成为世界钟表和珠宝领域最大规模的展会，同时也被视为全球奢侈品市场的风向标。展会的总面积约为 16 万平方米，分为 6 个展厅，每年春季举行，有两千多位展商参展，近 10 万专业的观众买家和近 2 500 家国际媒体。

第 40 届巴塞尔钟表珠宝展于 2012 年 3 月 8—15 日在瑞士北部城市巴塞尔举行(图 6－1)。展会共有来自 48 个国家的约 1 900 个钟表、珠宝品牌参展，参观人数超过 10 万人。其中有 272 家中国香港公司、23 家中国内地公司前来参展，占整个亚洲参展者的 60%。

图 6－1　巴塞尔钟表珠宝展

美国拉斯维加斯珠宝展

全球的珠宝行业不能错过的三大盛事之一的拉斯维加斯珠宝展(JCK Las Vegas Show)始于1991年,至今已有20多年历史。2006年展会规模已达到近6万平方米,参展商2 700多家,来自世界40多个国家和地区,专业观众达到6万多人,来自100多个国家地区。JCK珠宝展于每年6月初在著名的赌城拉斯维加斯举办,是世界上规模最大、影响最广泛的珠宝业盛会之一。

作为国际知名的珠宝专业展览,JCK Las Vegas珠宝展汇集了国际知名的珠宝品牌,并吸引着世界各地的专业买家光临,成为珠宝商拓展国际业务、树立品牌形象以及寻求国际合作的绝佳平台。2006年,JCK Las Vegas珠宝展设中国香港馆,有来自中国内地及香港地区的245位展商参展,购买287个展位。此外,还有来自意大利、印度、比利时、以色列、泰国、韩国、日本及欧洲其他国家和地区的展商也同台展示,使JCK Las Vegas珠宝展赚尽了世人的关注。2010年,JCK珠宝展共有3 100家展商,其中香港馆占200家,是场内最大规模的海外展团,参展情况也是历年参加美国展览会之冠。

JCK Las Vegas珠宝展的展品范围有:黄金首饰、铂金首饰、白银首饰、珍珠、钻石和宝石首饰;金条、金币、金箔、金表和其他黄金制品、宝石机械和设备、工具和技术、包装和陈列用品、相关产品和服务等。2006年,大会将同类产品集中在一起展出,并设立新展馆展示市场趋势,大受买家欢迎。Sands会议展览中心二楼是主要展览场地,设有Plumb Club、Platinum Pavilion及Time Square等展馆,特为大型供应商和专类珠宝而设。深受欢迎的Design Center展馆由过去展出的一楼迁往二楼,与Prestige Promenade及全新设立的Luxury Collection展馆为邻。

意大利维琴察国际珠宝展

位于威尼斯附近的维琴察是意大利著名的珠宝制造产地。起始于1948年的维琴察国际金银制品、珠宝及钟表展览会最初只是一个为繁荣维琴察地区经济而举办的综合性展览会,以推广意大利珠宝设计与工艺技术为目的。经过60多年的发展,如今已成为全世界享有最高声望的珠宝展之一,维琴察更被国际的业内人士誉为“金城”和“珠宝之城”。维琴察珠宝展由意大利著名的Fiera di Vicenza主办,吸引着全球珠宝行业的关注,领导着整个欧洲乃至全球的黄金珠宝首饰潮流。维琴察珠宝展每年举行3次,分别在1月、5月、9月。每年1月的VICENZAORO First是全球新年伊始的第一个重大珠宝展览,已经确立了作为全球黄金珠宝行业参照标准的卓越地位。

维琴察珠宝展展出总面积达56 000平方米,云集了世界各地的参展商约

1 500家，各届展会接待来自 100 多个国家和地区的 16 000～23 000 余专业人士。展品范围有：金银首饰、铂金首饰、银器、钟表、宝石和半宝石、天然和养殖珍珠、珊瑚等，珠宝首饰相关用品和设备，珠宝首饰包装和配件，以及专业刊物媒体等。

2010 年 5 月 22 日～26 日的意大利维琴察珠宝展，共有来自意大利、中国、德国、泰国、印度、土耳其、英国、法国等 30 多个国家 1 341 家展商，包括俄罗斯、巴尔干地区、远东地区、美洲和澳洲的国家以及挪威、以色列的 26 个国家的商业贸易代表团。此次参展商中，来自意大利各省的展商多达 961 家，国外展商 380 家。

香港国际珠宝展

由香港贸易发展局主办并于香港会议展览中心举行的香港国际珠宝展，是世界四大珠宝展之一，大受珠宝业者欢迎，展品琳琅满目，包括钻石、珍珠、红宝石和其他各色宝石等。

第 29 届香港国际珠宝展于 2012 年 2 月在香港会议展览中心举行，展览汇聚来自 48 个国家及地区合共逾 3 110 家参展商，规模为历届之冠。珠宝展设有多个主题展区，包括集中展示着名珠宝品牌首饰的品牌精粹廊、汇聚工艺杰作的珠宝精粹廊、集中展示未镶嵌珍珠、钻石和宝石的自然瑰宝、网罗香港生产商华丽首饰的瑰丽珠宝馆、汇集怀旧珠宝的古典精粹廊等。入场人士可欣赏到以珍珠、钻石、18K 金等雕琢而成的中国画卷、清代瑰宝仙人指路翡翠项链、1910 年代出品的卡地亚钻石和项链、备受好莱坞女星追捧的 Meira T 首饰系列等。

展览同时设立 17 个地区展馆，包括巴西、哥伦比亚、中国内地、德国、印度、意大利、日本、韩国、马来西亚、菲律宾、新加坡、西班牙、斯里兰卡、中国台湾、泰国、土耳其及美国，尽展各地珠宝特色。此外，安特惠普世界钻石中心、以色列钻石协会、以色列出口与国际合作协会、国际宝石协会、日本珠宝协会、日本珍珠出口商会以及国际铂金协会 7 个业界组织分别设有展馆。

6.2 制定珠宝企业分销渠道的管理措施

6.2.1 案例导入

【案例 6－4】

帮加盟商赚钱

2011 年 12 月，“周大生”珠宝在全国连锁店已超过 2 000 家。周大生近 50 年的稳健经营及其快速的发展，奠定了其在全国珠宝品牌的行业龙头地位。

作为一个有远见的品牌持有商，“周大生”的经营者认为，连锁加盟经营首先要做的不是自己赚钱，而是帮助加盟商赚钱，这一点比什么都重要。“周大生”在确认加盟商资格的时候非常严格，制定了一套相应的制度来评估和检测加盟者的资质。加盟商加入“周大生”后，基于连锁系统的长期运作，“周大生”珠宝会给予连锁店一整套经营方法，以帮助连锁店迅速步入正轨，并快速实现盈利。

1）建立精细管理体系

“周大生”建立了40个区域运营管理机构，“周大生”总部和区域办事处高效配合，有针对性地结合连锁店实际情况提供持续、专业、个性化的终端运营与管理实操指导，从而形成从店柜选址、市场分析、开业培训、员工日常培训、终端管理、促销组织、商品分析、现场督导，到人员招聘、货品结构调整的专业指导，随时协助连锁店及时解决经营难点，调整经营策略，帮助连锁店适应竞争激烈的市场环境。

2）完善培训督导体系促进共同成长

在连锁业务蓬勃发展的情况下，连锁店的经营管理与珠宝品牌命运休戚相关。“周大生”非常重视加盟商的自身发展，建立起完善的培训体系，有计划、有步骤、有层次地打造务实高效的终端培训体系。驻店培训师进行开业及日常培训，全国终端大型巡回培训，由“周大生”珠宝培训部专职老师携手专家讲师团组织赢家特训营、专家讲师团、兼职培训师培训等，促进各级经营管理团队的经营管理能力、终端服务水平和终端销售业绩全面提高；“周大生”整合资源，在业内开创珠宝J－MBA（珠宝业工商管理硕士）课程，邀请国内外著名的经营大师和培训大师讲授，受到业内人士一致称赞。

3）加强品牌建设形成口碑效应

“周大生”珠宝的广告投入逐年增加，2009年广告费已达4 000万元。“周大生”结合区域实际情况，利用杂志、电视、户外等媒体广告覆盖不同层面人群，使更多的消费者认识“周大生”，了解“周大生”。公司还组织策划了大量的促销活动，如“龙行天下”百枚克拉钻全国巡展活动、购买“周大生”珠宝赢取欧洲游活动等。2009年9月12日，红遍两岸三地的华人巨星林志玲签约代言“周大生”，昭示着“周大生”继续提升品牌形象的决心。多种举措并行赢得消费者的好感和信赖，终将惠及终端。

4）力避同质竞争

同质化竞争是近年来中国珠宝业发展的一大瓶颈。“周大生”珠宝通过一系列的创新理念突破了这一重围，不仅自身在差异化竞争中受益，更推动了中国珠宝首饰设计向高端发展。

第五届“周大生杯”中国珠宝首饰设计大奖赛紧紧围绕着“力求体现东方深厚文化底蕴、结合现代生活、适合于佩戴、具有可加工性”标准来进行专项创作。“周大生”珠宝“2009年珠宝流行趋势”，以“本色主义、浪漫主义、未来主义”为主题线索，对2009年珠宝流行趋势进行了精彩演绎。“周大生”于2009年推出的两个钻石系列，在佩戴款式上也有了相当大的突破。2009年4月“周大生”珠宝全新概念产品“香钻”——钻惑女人香吊坠系列问世，创新独特的工艺设计，可将香水注入钻饰，让每个女人都能根据自己风格塑造自己的香钻。2009年10月推出“幸福时刻”系列。主打款“幸福时刻”对戒，具有可旋转及时间定位功能，能准确留住每一个值得纪念的时刻，贴心挖掘消费者的心理需求，将情感诉求与钻戒完美地合二为一，为消费者提供了一个绝美的“幸福时刻”。

5）热心社会公益

“周大生”珠宝在公益事业上持续投入。2006年7月，“周大生”正式启动“千万钻石换光明”大型慈善工程，帮助白内障患者实现同看奥运的梦想；2008年，“周大生”通过中国青少年基金会，为汶川地赈灾区孩子捐建一所抗震“春蕾小学”。

问题讨论：“周大生”在渠道管理上有什么可取之处？

____

____

____

6.2.2 知识链接

珠宝企业为了更好地实现销售目标必须对现有渠道进行管理，以确保渠道成员之间、企业与渠道成员之间相互协调，共同发展。珠宝渠道管理的主要内容有：选择渠道成员，渠道信息系统管理，渠道策略执行管理，渠道评估考核，渠道激励等。

1）选择渠道成员

(1)经销商选择考察内容

①经销商的营销理念。

考察经销商对企业的营销思路能否理解、接受、配合，对企业制定的市场推广策略能否积极地配合；经销商对自己在企业的渠道模式中的角色定位是否清晰，对自己在渠道中担负的责任是否明确。是过去的“坐商”，还是积极地进行渠道建设、不断地通路精耕，扩大其覆盖范围和深化渠道渗透力的“走商”。

②资信能力。

考察经销商的资金实力状况和回款情况，这是每个企业对经销商考察的重点。珠宝首饰属于高价值产品，经销商的资信能力尤为重要。

③资金管理能力。

经销商的资信度尤为重要，经销商的资金管理能力是其资信度的一个保证。资金管理能力主要体现在经销商有无财务制度、有无会计、出纳；有无现金账、有无销售周/月报表；有无盈利分析；是否执行收支两条线；等等。

④终端管理能力。

终端是整个渠道的出水口，出路被堵死，产品就会滞留在渠道中，库存增加，退货增加。只有终端管理上去了，出水口通畅了，整个渠道才能活起来。考察经销商的终端管理能力主要是考察终端的客情关系、终端的店员培训、终端陈列、售点广告等。珠宝首饰作为高档消费品，经销商的终端管理能力就成了产品成功推广的关键。

⑤促销配合能力。

在渠道的实际操作中，企业经常会遇到许多问题，如制定的许多政策无法很好地贯彻下去，或是企业的促销政策无法到达消费者层面。这就需要企业在选择经销商的时候，考察其对企业的经营思路的认同程度和对企业各种活动的配合能力。

⑥信息反馈能力。

在建设渠道时主要考虑“五种流”：资金流、物流、所有权流、促销流和信息流。现在的市场千变万化，竞争对手的情况、终端库存情况、消费者情况等每一项都是企业必须时时刻刻关注的，这些分散在市场上的每个细小的情况都需要通过经销商才能及时地反馈到企业面前。

⑦对销售人员的管理能力。

经销商对其销售人员的日常管理是否到位、规范，对销售人员培训是否纳入公司的整体运作当中，可以说经销商销售人员的素质直接关系到企业在当地市场的销售情况。

(2)对经销商的考察方法

对经销商的考察主要有以下方法：

- 直接登门拜访，开诚布公地进行商洽。
- 以其他的身份和经销商进行接触，从侧面了解情况。
- 到当地市场进行实地考察，进行评估。
- 业内人士介绍。找当地的同行或是相关行业进行咨询。
- 终端拜访。直接到经销商市场终端，进行访谈。
- 消费者口碑。从最终消费者来，考察经销商的经营思路和执行能力。
- 政府部门调查。从工商、税务、银行等方面了解经销商资金、信誉等情况。
- 亲朋好友介绍。自己人当然是可靠的，但是往往外行人不一定能说到点子上。
- 当地的传媒杂志，从传媒杂志上了解经销商的情况。
- 上网查询经销商的情况
- 请专业的咨询公司，进行当地市场调研，这是最快的方式。

2）信息系统的管理

营销信息系统的管理就是对市场信息的收集、整理、分析的过程。它既包括区域市场的人文环境、社会环境、消费需求、消费者偏好度等基本市场信息，也包括竞争对手的产品、价格、渠道、广告等策略。通过营销信息系统的建立，我们能及时了解市场动态，并与经销商共同制定和调整行销策略。

珠宝企业对销售渠道信息的搜集通常是通过各种销售终端销售报表的形式来进行的，如销售日报表、销售库存表、销售盘点表、月销售统计表等。一些大的珠宝企业基本上采用先进的珠宝进、销、存软件来进行管理。各个销售终端和企业总部联网，很多市场信息能及时反映。

【案例 6-5】 某珠宝公司销售日报表

某珠宝公司的销售日报表见表 6-1。

表 6-1 某珠宝公司销售日报表

________直营店日销售报表							
年　　月　　日　　　　　　天气________							
人流量：上午________ 下午________							
设备情况							
销售情况							
顾客流失							
成交率							
商场促销							
店内促销							
竞争对手情况分析							
销售统计表							
销售类别							
条码号							
首饰类型							
首饰名称							
标价							
折扣							
实收金额							
工作总结							
填表人							
店长签名							

3）**策略执行的管理**

区域市场营销策略虽然是由企业与经销商共同制定的，但策略的贯彻执行主要靠经销商。而在市场运作中经常会看到这样一些现象：经销商销售其他品牌的珠宝产品；经销商不执行企业的价格策略、促销策略；经销商的售后服务打折扣等，因此必须对经销商的策略执行进行管理。

系统的连锁督导机制是经销商策略执行的有效管理办法。企业可设立督导人员，督导的目的就是要发现存在的问题，并及时加以改善。完善的督导体系包括：督导标准的科学设定，主要指督导内容以及执行标准；督导方式的有效设置，如日常监督、神秘顾客等；督导工具的设计，如科学的督导表单工具等；以及督导改进循环体系设计等。

4）渠道评估考核

经常性地对经销商市场运行动态评估和考核，并建立评估标准，有利于及时发现经销商在市场运作过程中存在的问题和困难，以便及时沟通和纠正，有效的防范风险。

【案例 6－6】 某珠宝企业渠道考核（节选）

某珠宝企业渠道考核见表 6－2。

表 6－2 某珠宝企业渠道考核表

内容	条目	情况
仪容仪表 20 分	1、是否淡妆上岗？	□是 □否－2 分
	2、工装是否整洁？（平整、没有污渍）	□是 □否－4 分
	3、纽扣是否统一齐全？	□是 □否－2 分
	4、是否规范佩戴胸卡？	□是 □否－2 分
	5、发型是否整洁，是否符合公司要求？	□是 □否－4 分
	6、是否佩戴与公司形象不符的饰品？	□是－2 分 □否
	7、员工是否留有长指甲，是否染有色指甲油？	□是－2 分 □否
	8、员工站姿是否符合要求？	□是 □否－2 分
服务礼仪 24 分	9、观察员工接待顾客时，是否热情主动、使用礼貌用语？	□是 □否－10 分
	10、服务态度是否亲切？是否有微笑？	□是 □否－2 分
	11、是否从事与工作无关的事情？	□是－2 分 □否
	12、是否使用标准化的服务用语？	□是 □否－10 分
品牌形象 24 分	13、地面是否有污渍、赃物？	□是－2 分 □否
	14、柜台玻璃是否有污渍、手印？	□是－2 分 □否
	15、饮水机上是否有杂物？	□是－2 分 □否
	16、货品道具是否有污渍灰尘或损坏现象？	□是－2 分 □否
	17、店柜角落是否堆有杂物？	□是－2 分 □否
	18、固定财产是否有损坏？	□是－2 分 □否
	19、椅子是否摆放整齐？是否干净？	□是 □否－2 分
	20、宣传资料是否摆放整齐？	□是 □否－2 分
	21、店内灯具是否正常工作？	□是 □否－2 分
	22、销售用具（计算器、托物盘等）是否摆放整齐？	□是 □否－2 分
	23、垃圾箱是否及时清理（脏物不得超过一半）？	□是 □否－2 分

续表 6-2

内容	条　　目	情　况
货品管理 11分	24、超声波清洗机表面及用水是否干净？	□是　□否－2分
	25、价签是否整齐？是否正面朝上？	□是　□否－2分
	26、货品陈列是否整齐？	□是　□否－2分
	27、价签是否有污渍、有褶皱？	□是　□否－2分
	28、道具上是否出现缺货现象？	□是　□否－5分
工作规范 16分	29、拿取商品给顾客介绍时，是否戴上白手套？	□是　□否－2分
	30、是否将货品直接放在柜台上进行销售？（需要托物盘）	□是　□否－2分
	31、是否同时拿出三件以上货品进行销售？	□是　□否－2分
	32、是否及时准确掌握公司传达的各种信息？	□是　□否－2分
	33、交接本是否有填写？填写情况如何？	□是　□否－2分
	34、对你要找的货品，员工是否能及时找出？	□是　□否－2分
	35、对你要找的产品证书，员工是否能及时找出？	□是　□否－2分
	36、帮顾客试戴首饰时，动作是否规范？	□是　□否－2分
员工培训 20分	37、专业知识是否掌握牢固？	□是　□否－5分
	38、服务态度是否符合公司要求？	□是　□否－5分
	39、接待顾客是否有激情？	□是　□否－5分
	40、对货品的讲解是否到位？	□是　□否－5分
团队建设 20分	41、团队是否和谐？	□是　□否－5分
	42、员工是否有阶段性的学习计划？	□是　□否－5分
	43、员工是否积极参与团队的各种活动？	□是　□否－5分
	44、员工是否具有节约意识？	□是　□否－5分
内勤管理 20分	45、销售明细是否日销日结？	□是　□否－5分
	46、销售票据是否填写规范？	□是　□否－5分
	47、当日报表是否及时填写、上报？	□是　□否－5分
	48、赠品是否及时入账到销货单上？	□是　□否－5分

5）渠道激励

激励渠道成员的目的是使其出色地完成销售任务。珠宝企业要激励渠道成员，必须先了解经销商的需要与愿望，同时要处理好与渠道成员的关系，包括以下几个方面：

■ 开展促销活动。利用广告宣传推广产品，一般很受经销商欢迎，广告宣传费用可由珠宝企业负担，亦可要求经销商合理分担。根据经销商销售业绩给予相应的物质及精神激励，如给予经销商“最佳经销商”的奖励。

■ 资金资助。经销商一般期望企业给予他们资金资助，这可促使他们放手进货，积极推销产品，一般可采取售后付款或先付部分货款，待产品出售后再全部付清的方式，以解决经销商资金不足的困难。如珠宝企业对一些信誉良好的经销商经常会给予一定的货款账期，如拿货后一个月后再付货款。

■ 协助经销商搞好经营管理，提高营销效果。与经销商共同规划营销目标、存货水平、人员推销，广告及促销计划等。企业对渠道的激励措施已不再仅仅是给经销商送“红包”，而是让经销商掌握赚钱的方法，与经销商共赢。例如协助经销商进行产品陈列、店铺管理、人员培训等。

■ 信息共享。企业与经销商共享市场调查、竞争形势、消费者动向等方面的信息。

■ 与经销商结成长期的伙伴关系。与经销商在销售区域、产品供应、市场开发、财务、市场信息、技术指导、售后服务等方面彼此合作，建立长期的亲密合作关系。

6.2.3 任务实施

任务：制定某珠宝深圳市场的渠道管理策略。

任务实施步骤：

■ 分析渠道管理的内容和重点。

■ 市场调研，了解竞争对手渠道管理措施。

■ 制定各项具体管理措施。

■ 讨论评估。

■ 撰写某珠宝深圳市场的渠道管理方案，方案要求及评分标准见表 6－3。

表 6－3　方案要求及评分标准

要　　求	权重
信息反馈全面、及时	20%
监督有效、可行	25%
考核指标细致、可量化	25%
物质、精神激励全面，有实效	20%
语句通顺、格式准确、无错别字	10%

工作任务7　珠宝价格制定及控制

项目目标与要求

- 能够根据企业市场竞争状况对产品定价
- 能够制定企业价格策略

7.1　珠宝产品定价

7.1.1　案例解析

【案例 7－1】　为便于大家进行钻石价格对比，现提供两家钻石官方网站和其品牌深圳专卖店的钻石女戒参数对照表，见表 7－1。

表 7－1　三个品牌钻石价格对比表

比较项目	A 品牌官方网站	B 品牌官方网站	C 品牌深圳专卖店
材质	18k	铂 900	铂 900
证书		GIA-6107522545	GIA-658423123
金重(克)	2.7	5.366 0	5.268 0
主钻数量(颗)	1	1	1
主钻总重量(ct)	0.5	0.520	0.50
主钻颜色	H	G	G
主钻切工	VG	EX	EX
主钻净度	VS	VS_2	VS_2
镶嵌方式	爪镶		
单价(元)	15 885	13 650	24 660
图片			

问题讨论：同等重量的钻石为什么价格相差很大？

____

____

____

7.1.2 知识链接

1）定价影响因素

(1)企业定价目标。

企业的定价目标是以满足市场需要和实现企业盈利为基础的，它是实现企业经营总目标的保证和手段同时又是企业定价策略和定价方法的依据。

- 扩展目标：为了维持企业生存、扩大企业规模。
- 利润目标：追求企业的最大利润、满意利润及预期利润，增加销售量。
- 销售目标：为了扩大市场占有率、争取更多中间商。
- 竞争目标：为了稳定价格，应付竞争。
- 社会目标：为了促进社会公共事业，树立企业良好的形象。

(2)竞争环境

市场竞争也是影响价格制定的重要因素。根据竞争的程度不同，企业定价策略会有所不同。按照市场竞争程度，可以分为完全竞争、不完全竞争与完全垄断三种情况。

①完全竞争。

所谓完全竞争也称自由竞争，它是一种理想化了的极端情况。在完全竞争条件下，买者和卖者都大量存在，产品都是同质的，不存在质量与功能上的差异，企业自由地选择产品生产，买卖双方能充分地获得市场情报。在这种情况下，无论是买方还是卖方都不能对产品价格进行影响，只能在市场既定价格下从事生产和交易。

②完全垄断。

它是完全竞争的反面，是指一种产品的供应完全由独家控制，形成独占市场。在完全垄断竞争情况下，交易的数量与价格由垄断者单方面决定。完全垄断在现实中也很少见。

③不完全竞争。

它介于完全竞争与完全垄断之间，它是现实中存在的典型的市场竞争状况。不完全竞争条件下，最少有两个以上买方或卖方，少数买方或卖方对价格和交易数量起着较大的影响作用，买卖各方获得的市场信息是不充分的，它们的活动受到一定的限制，而且它们提供的同类产品有差异，因此，它们之间存在着一定程度的竞争。在不完全竞争情况下，企业的定价策略有比较大的回旋余地，它既要考虑竞争对象的价格策略，也要考虑本企业定价策略对竞争态势的影响。

现阶段国内的珠宝市场尚属于不完全竞争市场，各珠宝企业产品相似但不同，行业进入容易。不完全竞争市场的价格竞争和非价格竞争激烈，产品价格受同类产品价格影响大。珠宝企业首先要了解竞争的强度。竞争的强度主要取决于产品制作技术的难易、是否有专利保护、供求形势以及具体的竞争格局；其次，要了解竞争对手的价格策略，以及竞争对手的实力；再次，还要了解、分析本企业在竞争中的地位。

(3)供求关系

产品价格除受成本影响外，还受市场需求的影响。当产品的市场需求大于供给时，价格应高一些；当产品的市场需求小于供给时，价格应低一些。反过来，价格变动影响市场需求总量，从而影响销售量，进而影响企业目标的实现。因此企业定价时必须依据需求的价格弹性，即了解市场需求对价格变动的反应。价格变动对需求影响小，这种情况称为需求无弹性；价格变动对需求影响大，则叫做需求有弹性。需求的价格弹性由此公式确定：需求弹性系数＝需求量变动百分比÷价格变动百分比。珠宝产品的需求富有弹性，需求量变动的比率大于价格变动的比率，当价格降低需求量就会增加，珠宝企业要根据市场需求灵活制定价格。

(4)成本因素

对企业的定价来说，成本是一个关键因素。企业产品定价以成本为最低界限，产品价格只有高于成本，企业才能补偿生产上的耗费，从而获得一定盈利。但这并不排斥在一段时期在个别产品上，价格低于成本。

成本又可分解为固定成本和变动成本。

固定成本：在短期内不随企业产量和销售收入的变化而变化的生产费用。如：厂房设备的折旧费、租金、利息、行政人员薪金等，与企业的生产水平无关。

可变成本：随生产水平的变化而直接变化的成本。如：原材料费、工资等，企业不开工生产，可变成本等于零。

(5)其他因素

企业的定价策略除受成本、需求以及竞争状况的影响外，还受到其他多种因素的影响。这些因素有消费者和心理习惯、企业或产品形象等。

①消费者心理和习惯。

在现实生活中，很多消费者存在“一分钱一分货”的观念。面对不太熟悉的珠宝产品，消费者常常从价格上判断珠宝产品的好坏，从经验上把价格同产品的价值挂钩。消费者对于珠宝产品一般都认为是昂贵的，定价偏低的话反而会引起消费者的怀疑。因此，珠宝企业在定价时要持谨慎态度，要仔细了解目标消费者的心理。

②企业或产品的形象因素。

有时企业根据企业理念和企业形象设计的要求，需要对产品价格作出限制。例如，企业为了树立热心公益事业的形象，会将某些有关公益事业的产品价格定得较低；为了形成高贵的企业形象，将某些产品价格定得较高；等等。

2）珠宝定价方法

珠宝定价方法主要有三种：成本定价法、需求定价法、竞争定价法。

(1)成本定价法。

成本定价法是一种以成本为中心的定价方法，也是传统的、运用得较普遍的定价方式。具体做法是按照产品成本加一定的利润定价。珠宝产品通常使用成本定价法进行定价。

①成本加成定价法。

成本加成定价法即按照单位成本加上一定百分比的加成来制定价格。

价格＝平均成本＋预期利润。

【案例 7－2】 某企业钻石戒指定价

某企业钻戒的各个指标见表 7－2。

表 7－2　钻戒各项指标

材质	铂金(Pt950)
金重	约 2.52g
钻石重量	0.1ct
颜色	D－E 极白
净度	VS
切工	VG
图片	

铂金成本价＝316.79＊2.52/(1－13％)＝918(元)　注：13％为损耗率

钻石成本价：750 元

加工费：65 元

利润率：280％

产品价格＝(918＋750＋65)＊280％＝4 852(元)

钻石首饰的成本主要由贵金属材料(金、银、铂)、钻石、加工费三部分组成。贵金属材料的价格与国际贵金属每日价格挂钩(表 7－3，图 7－1)，还要考虑加工时的正常损耗。钻石的价格也与国际钻石价格挂钩，经常发生变化(表 7－4)。首饰的加工费则与首饰的款式、镶嵌工艺等有关，越复杂精细的工费越高。

表 7－3　上海黄金交易所行情

品种	最新价	开盘价	最高价	最低价	涨跌幅	昨收价	总成交量	更新时间
Au100g	319.00	324.00	325.00	318.50	－1.74%	324.66	39.00	2012－05－23 09:37:36
Au99.95	318.80	323.20	324.00	318.20	－1.60%	324.00	688.00	2012－05－23 09:37:42
Au99.99	318.60	324.49	324.50	318.01	－1.82%	324.49	593.60	2012－05－23 09:35:12
Pt99.95	306.50	312.00	312.00	306.50	－2.25%	313.54	72.00	2012－05－23 09:37:38

表 7－4　国际钻石报价表

报表日期 ： 2012/4/20　　ROUNDS 圆型车工　　Unit ：100 USD $

质量(ct)	Color	IF	VVS_1	VVS_2	VS_1	VS_2	SI_1	SI_2	SI_3
3.00～3.99	D	1 050	690	600	480	375	230	160	100
3.00～3.99	E	690	600	505	420	335	210	155	95
3.00～3.99	F	600	505	425	355	310	190	150	90
3.00～3.99	G	455	400	355	310	255	175	135	85
3.00～3.99	H	340	320	285	255	205	150	125	80
3.00～3.99	I	245	235	225	200	170	125	110	75
3.00～3.99	J	190	185	180	165	140	110	100	70
3.00～3.99	K	160	155	150	135	120	100	86	64
3.00～3.99	L	123	118	112	107	96	75	64	54
3.00～3.99	M	102	98	95	88	80	64	54	48

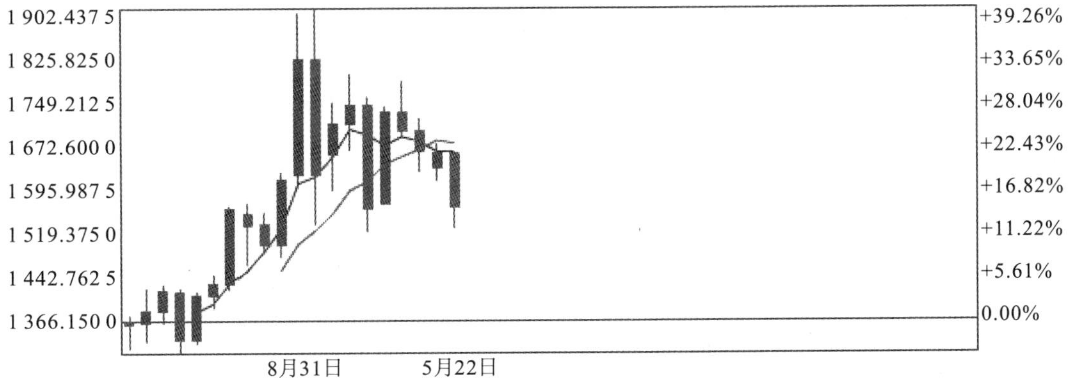

图 7－1　国际黄金价格走势图(月线)

(2010 年 10 月 29 日～2012 年 5 月 22 日)

②目标利润定价法。

目标利润定价法即根据估计的总销售收入(销售额)和估计的产量(销售量)来制定价格。例如某珠宝企业预计生产1万件戒指,生产1万件戒指的总成本估计为5 000万元;若该企业想得到30%的成本利润率,则目标利润为1 500万元,总收入为6 500万元,则单件戒指的目标价格为6 500元。

(2)需求定价法

需求定价法是以消费者的需求为中心的企业定价方法。它是根据消费者对珠宝产品的需求强度和对珠宝产品价值的认识程度来制定产品价格。

①可销价格倒推法。

企业根据产品的市场需求状况和消费者能够接受的最终销售价格,通过价格预测和试销、评估,先确定消费者可以接受和理解的零售价格,然后倒推批发价格和出厂价格的定价方法。

【案例7-3】 某企业手镯定价

某企业手镯的各项指标见表7-5。

表7-5 某企业手镯的各项指标

原料	仔料
产地	新疆
质量	77g
尺寸	内径59mm、条宽18mm
说明	该玉镯质地细腻,油润度佳,成色均匀,光滑滋润,无任何瑕疵和裂痕
图片	

市场价:2(万元)

加盟商利润:20%

加盟商价格:2*(1-20%)=1.6(万元)

企业利润:30%

企业价格:1.6*(1-30%)=1.12(万元)

②需求差异定价法。

需求差异定价法是根据需求的差异,对同种珠宝产品制定不同的价格的方法,主要有以下形式:

■对不同顾客采取不同的价格。根据不同消费者的消费性质、消费水平和消费习惯等差异，制定不同的价格。如会员制下的会员与非会员的价格差别；学生、教师、军人与其他顾客的价格差别；新老顾客的价格差别；国外消费者与国内消费者的价格差别等。例如，某珠宝品牌 VIP 顾客可以享受九折的产品价格。

■地区差价。由于地区间的差异，同一产品在不同地区销售时，可以制定不同的价格。例如某香港珠宝品牌同一黄金首饰产品在香港市场和内地市场的定价有所不同，香港市场略低于内地市场。

■季节差价。同一产品在不同时间段顾客的需求强度是不同的。在需求旺季时，价格需求弹性低，可以提高价格；在需求淡季时，价格需求弹性较高，可以采取降低价格的方法吸引更多顾客。

③理解定价法。

理解定价法是珠宝企业根据消费者对珠宝产品价值的感觉而不是根据卖方的成本制定价格的方法。当消费者选购珠宝产品时通常会与其他同类产品进行比较，如款式、质量、品牌、售后服务等，通过权衡相对价值的高低而决定是否购买。珠宝企业要努力拉开本企业珠宝产品与市场上同类产品的差距，然后据此消费者所形成的价值来定价。珠宝企业在运用此法时，需要正确估计购买者所承认的价值。

【案例 7－4】 某企业钻石戒指定价

某企业钻石戒指的各个指标见表 7－6。

表 7－5　某企业钻石戒指的各个指标

材质	铂金（Pt950）
金重	5.24g
钻石质量	0.162ct
图片	

同类产品价格：9 480（元）

比同类产品服务优良：　　＋100（元）

比同类产品款式独特：　　＋100（元）

比同类产品知名度低：　　－500（元）

比同类产品更具创新性：　＋100（元）

实行价格折让：－445（元）

实际价格:8 880(元)

(3)竞争定价法

竞争定价法是以竞争为中心的,以竞争对手的定价为依据的一种定价方法。

①随行就市定价法。

企业按照行业的平均现行价格水平来定价。此法常用于下列情形:难以估算成本;企业打算与同行和平共处;如果另行定价,难以估计购买者和竞争者的反应。

②竞争价格定价法。

企业根据市场上竞争产品的价格来制定本企业的产品价格。一般分为高于、低于和一致三个层次。珠宝企业应充分比较和竞争产品的质量、款式、工艺等差异从而确定自己的价格。

7.1.3 任务实施

任务:确定某珠宝深圳市场的产品定价。

实施步骤:

- 分析产品定价影响因素。
- 市场调研,了解竞争对手的定价情况。
- 讨论确定定价目标及定价方法。
- 进行产品定价并撰写报告,报告要求及评分标准见表7-7。

表7-7 报告要求及评分标准

要 求	权重
定价目标明确	25%
价位具有竞争性	35%
价格体系完整	30%
文字规范、简洁	10%

7.2 制定珠宝价格策略

7.2.1 案例解析

【案例7-5】

珠宝业价格狂泻近乎离谱

2000年7月的南京,商业大战,狼烟四起,名目繁多,一向以高雅华贵著称的珠宝业也卷入战事。南京华联商厦首挂战旗,推出了珠宝4折销售的响炮。随后各大商厦同样跟进，中央商场打 4.8 折，近邻的新街口百货公司标 4.6 折，南京商厦定为 4.5 折，华联商厦、太平商场竟为 4 折。但因为与众多商品打折裹在一起，还没有引起消费者对珠宝价格的全面质疑。8 月初，后起之秀南京通灵翠钻公司宣布大降价，一直以全市最低价概不打折经营的通灵翠钻公司面对市场份额大量流失，不得不在原来“最低价”的基础上陡降 30%～40%，引起了消费者的震惊。

南京的降价宛若一石激起千层浪，沪宁线上各大城市的消费者闻风而动，纷纷涌进南京抢购珠宝。华联商厦推出珠宝 4 折销售的当天，销售增加了 5 倍，7 月 25 日的销售又比上周同期增加了 10 倍。通灵翠钻日销售额达 30 多万元。太平商场工艺首饰部的日销售额达 84 万元，创历史新高，三天销售珠宝达 200 余万元。

珠宝价格战揭出珠宝业暴利黑幕。在通灵翠钻公司宣布降价的同时，南京华联珠宝城一颗标价 175 万元的大钻石宣布四折出售，降价一百万元。

消费者面对疯狂的珠宝折扣迷惑不解，在市场竞争如此激烈的今天，居然还有如此暴利的行业？消费者不知道珠宝的利润究竟有多大，甚至有人怀疑这种超常的珠宝折扣到底有无虚假成分，打折珠宝的本身质量是否合格。挑起南京珠宝价格大战的南京通灵翠钻公司由此也引发了珠宝界同行的强烈不满。8 月 2 日早晨，通灵翠钻公司的职工在上班时发现，该公司的铝合金卷帘门上被人写满了“滚出珠宝界”、“行业败类”的红色油漆大字。

南京经营珠宝首饰的有 50 多家，一个多月的价格厮杀已使整个珠宝市场雾里看花，更使十多家珠宝店或关门歇业或离开珠宝市场。

问题讨论：南京珠宝价格战对当地的珠宝市场有什么影响？

____

____

____

7.2.2 知识链接

定价方法只能为产品制定一个基本的价格，珠宝企业在制定产品最终价格时还要针对不同市场情况、顾客心理、顾客购买数量、促销的需要实行灵活多变的策略，从而产生一个可执行的价格。

1）新产品定价策略

(1)撇脂定价法

新产品上市之初，将价格定得较高，在短期内获取厚利，尽快收回投资。就像从牛奶中撇取所含的奶油一样，取其精华，称之为“撇脂定价”法。

这种定价方法适合需求弹性较小的细分市场，具有以下优点：

■ 新产品上市，顾客对其无理性认识，利用较高价格可以提高身价，适应顾客求新心理，有助于开拓市场。

■ 主动性大，产品进入成熟期后，价格可分阶段逐步下降，有利于吸引新的购买者。

■ 价格高，限制需求量过于迅速增加，使其与生产能力相适应。

撇脂定价法的缺点是：获利大，不利于扩大市场，并很快招来竞争者，会迫使价格下降。

(2)渗透定价法

在新产品投放市场时，价格定得尽可能低一些，其目的是获得最高销售量和最大市场占有率。当新产品没有显著特色、竞争激烈、需求弹性较大时宜采用渗透定价法。此方法可以让产品迅速被市场接受，打开销路；低价薄利，使竞争者望而却步、减缓竞争，获得一定市场优势。

对于企业来说，采取撇脂定价还是渗透定价，需要综合考虑市场需求、竞争、供给、市场潜力、价格弹性、产品特性，企业发展战略等因素。

2）心理定价策略

心理定价是根据消费者的消费心理定价，有以下几种：

(1)整数定价

许多珠宝产品的价格宁可定为 5 000 元，而不定为 4 999 元，是适应消费者购买心理的一种取舍，迎合消费者“一分价钱一分货”的心理。消费者并不在乎多出 1 元钱购买珠宝首饰，而 5 000 元的价格让消费者获得购买高档商品的满足感。

(2)尾数定价

尾数定价使消费者产生一种“价廉”的错觉，例如铂金项链定为 1 999 元，容易激起消费者的购买欲望，促进销售。

(3)声望性定价

此种定价法有两个目的：一是提高产品的形象，以价格说明其名贵名优；二是满足购买者的地位欲望，适应购买者的消费心理。

(4)习惯性定价

某种产品由于同类产品多，在市场上形成了一种习惯价格，个别企业难于改变。降价易引起消费者对品质的怀疑，涨价则可能受到消费者的抵制。

(5)吉利定价

根据顾客的文化习俗有意将价格定位吉利数字。珠宝产品经常会根据珠宝文化使用数字“9”，取天长地久之意，如钻石戒指定为 9 999 元。

3）折扣定价策略

大多数珠宝企业通常都酌情调整其基本价格，以鼓励顾客大量购买或增加淡季购买。这种价格调整叫做价格折扣。

(1)数量折扣

数量折扣是企业给那些大量购买某种产品的顾客的一种折扣，以鼓励顾客购买更多的货物。大量购买能使企业降低生产、销售等环节的成本费用。例如，顾客购买一件首饰享受98折，购买二件首饰享受95折；买满6 999元可享受九折优惠等 。

(2)现金折扣

现金折扣是对及时付清账款的购买者的一种价格折扣。例如“2/10净30”，表示付款期是30天，如果在成交后10天内付款，给予2%的现金折扣。许多珠宝批发企业采用此法以加速资金周转，减少收账费用和坏账。

(3)季节折扣

季节折扣是企业鼓励顾客淡季购买的一种减让，使企业的生产和销售一年四季能保持相对稳定。

(4)贸易折扣

贸易折扣是企业给予中间商的一种额外折扣，对不同的中间商给予不同的折扣。例如某珠宝企业给零售商30%折扣，批发商40%折扣。

4）价格变动策略

珠宝企业在面对不断变化的市场环境时，为了赢得竞争经常需要对价格进行变动，包括提价和降价两种。

(1)价格变动的原因

珠宝产品提价原因主要有成本增加，如通货膨胀、原材料涨价、产品供不应求等。例如国际钻石价格不断上升已是多年趋势，一般钻石零售价每年的涨幅大概在10%左右，毛坯钻年涨幅大概在3%～5%。自2010年开始，钻石价格步入高速上扬通道，到2011年5月份国际钻石巨头戴比尔斯已在全球范围内三次调高钻石批发价，导致其钻石整体价格已上涨30%左右。其中，20分以上的钻石毛坯价格，涨幅度在25%～30%；50分或1克拉钻石毛坯，涨幅则在30%。原料上涨，成品钻批发涨幅15%。涨幅最大的是3克拉以上的大钻以及10分以下的小钻，由于价格上涨幅度创近来之最，市场开始出现供应方面的紧缺，零售价格也应声而涨。

珠宝产品降价的原因主要有产品供大于求，降价以扩大销售量，保持或扩大市场份额。价格竞争是企业在一定时期内可以运用的最简单也是效果、最快的手段，利用成本优势来打击竞争对手，提高市场占有率。当竞争对手产品降价，企业如果没有非价格竞争优势而又不降低自己的产品价格，其市场份额的降低是必然的。珠宝首饰行业价格竞争历来是此起彼伏，烽火不断，高标低价打折销售已成为珠宝行业的常用手段。长期存在而流传很广的“黄金有价、珠宝无价”的观点，为珠宝商家随意定价提供了很不科学的理论依据。

(2)价格变动的考虑因素

珠宝企业在进行产品提价或降价时一定要注意两个方面的反应，一个是顾客，一个是竞争者。

顾客对降价可能主要有以下看法：产品款式老了，将被新产品代替；产品有缺点，销售不畅；企业财务困难，难以继续经营；价格还要进一步下跌；产品质量下降了。顾客对提价的可能反应：产品很畅销，不赶快买就买不到了；产品很有价值；企业想赚取更多利润。珠宝企业在调整价格前必须慎重研究可能出现的顾客反应，特别是不利的反应，以便在调整时加强与顾客的沟通，争取顾客的支持和理解。

竞争者对价格变动的反应有：你提价，他涨价；你降价，他也降价；你提价，他降价或维持原价不变；你降价，他提价或维持原价不变。这种相互冲突的行为，影响很严重，竞争者的目的也十分清楚，就是趁机争夺市场。对此，企业要进行调查分析，首先摸清竞争者的目的，其次要估计竞争者的实力，再次要了解市场的竞争格局。

7.2.3 案例解析

【案例 7－6】

东华美钻促销

2010 年 4 月 8 日—5 月 8 日，凡选购东华美钻世博爱完美结婚钻戒，30 分以下结婚钻戒送世博会平日普通票 1 张(价值 160 元)，30 分以上结婚钻戒送世博会平日普通票 2 张(价值 320 元)。凡选购世博克拉钻，送世博会 3 次票 3 张(价值 1 200 元)。

2010 年 5 月 22 日—6 月 6 日东华美钻第一百货淮海店在专柜开业期间推出双重享礼乐翻天：惊喜折扣钻石镶嵌饰品 7.8 折；K 金饰品 8.5 折；翡翠饰品 7.8 折；铂金、黄金饰品每克让利 10 元，工费 8 折。精美好礼购钻石饰品每满 5 000 元，即可获赠世博会平日普通票 1 张(价值 160 元)发票不可累计，封顶 4 张，送完即止。

2010 年 6 月 12 日—7 月 15 日，凡购买 30 分以上裸钻送 3 克铂金戒托一枚。宣传广告见图 7－2。

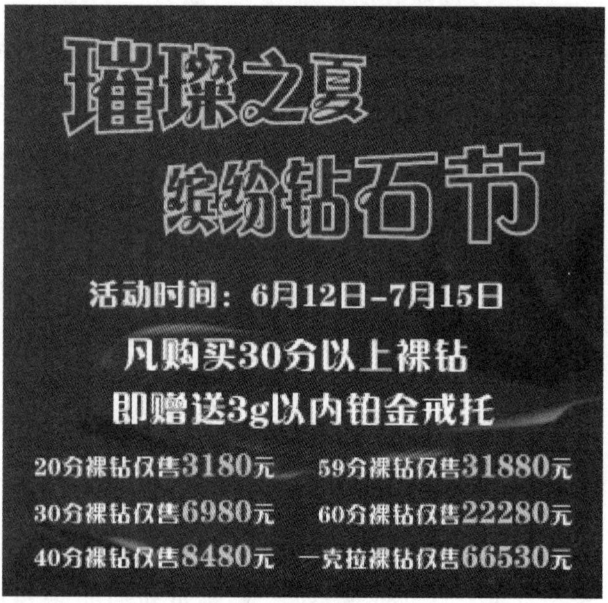

图 7－2 宣传广告

凡选购 30 分以上裸钻，即可获赠结婚钻戒系列 PT 素铂金女戒托一款(3.5 克以内)；凡选购 9 980 元以上“爱 * 完美”结婚钻戒系列单件钻戒，即可获赠价值 3 960 元同系列 18K 白金钻石对戒一对；凡选购 22 800 元以上“爱 * 完美”结婚钻戒系列单件钻戒，即可获赠价值 8 260 元同系列 PT900 钻石对戒一对。

问题讨论：东华美钻采用了哪些价格策略？效果如何？

____

____

____

7.2.4 任务实施

任务：制定某珠宝深圳市场的价格策略。

实施步骤：

- 分析公司价格竞争力。
- 制定各项具体价格管理措施。
- 讨论评估。
- 撰写价格策略报告，报告要求及评分标准见表 7-4。

表 7-4 报告要求及评分标准

要　　求	权重
产品定价合理	25%
价格变动有效	35%
折扣定价灵活	30%
文字规范、简洁	10%

工作任务8　珠宝促销方案制定

项目目标与要求

- 理解珠宝促销的主要方法
- 能够制定企业情人节促销方案
- 能够制定企业年度珠宝促销活动方案

8.1　制定企业情人节促销方案

8.1.1　案例解析

【案例8-1】 云南省某珠宝城一周年庆活动策划(节选)

一、活动目的

此次活动是为了庆祝某珠宝城开张一周年,并真情回馈广大消费者一直以来对我们的支持,所以此次促销以"一周年真情回馈,共迎缤纷圣诞节"为主题,更好地促进市场的沟通。

(1)通过此次活动,提高12月到1月份的销售业绩;

(2)通过此次活动,庆祝珠宝城开张一周年,并回馈广大消费者。

二、活动总时间

2006年12月6日—12月20日

三、活动地点

某珠宝城

四、活动主题

"某珠宝"一周年真情回馈,共迎缤纷圣诞节!

五、活动内容

(一)真情大回馈之一——"您的忧心,我们为您安心!"

您对您购买的珠宝放心吗?您佩带已久的首饰已经呈现岁月的痕迹了吗?这些都不要紧,"某珠宝"一一为您解决!

1. 活动说明

活动期间在店内专门设置一个珠宝"免费鉴定"和一个"免费清洗"点。新老顾客均可把自己的珠宝首饰带来专柜前,本店将贴心为您鉴定和清洗。

2. 活动人员安排

(1)鉴定人员：鉴定人员需要1名，要求具有过硬的专业水平，不能马虎了事，必要时还需要1名营业员从旁协助(共2名人员)。

(2)清洗人员：需要1名非常熟悉超声波清洗仪的人员进行操作，并且需要一名营业员从旁登记(共2名人员)。

3. 活动时间

2006年12月6—13日(最少要5天)

(二)真情大回馈之二——"翡翠DIY——您手艺，我欣赏！"

当您常常驻足翡翠柜台，观赏那富有民族特色的翡翠编织时，您是否感叹手工编织的细致呢？您是否想过有一天您也可以编织出您喜欢的图形，让翡翠幻化成破茧的蝴蝶，美丽飞翔呢？现在，机会来了……

1. 活动说明

周年庆活动期间，在店内或店外举行顾客翡翠编织(DIY)活动，让有兴趣的顾客使用翡翠圆珠、小雕件或者其他的边角料和各种颜色的绳子自由编织成各种手机链、小手链等其他首饰的活动。

(1)加盟商负责提供翡翠原料和编织的绳子。

(2)顾客所编织的首饰，在活动期间加盟商仅按翡翠原料与绳子的成本价卖给顾客。

(3)如果顾客编织的首饰加盟商有意收购的话则可与顾客协商。

2. 活动人员安排

(1)编织人员：在条件许可的情况下，聘请1名较为专业的编织老师在现场指导；如果没有的话，则需要1名比较熟练编织的营业员在旁主持。

(2)营业员：需要1～2名营业员在旁做辅助工作。

3. 活动时间

2006年12月10—13日

(三)真情大回馈之三——"进门发'钱'，惊喜不停！"

为了感谢顾客一年来对"某珠宝"的亲切关怀和爱护，在此一周年庆典之际，特地举行"进门发'钱'，惊喜不停"活动。

1. 活动说明

在周年庆的活动后期(12月13—20日)，凡在此期间踏进店(专柜)内即可获得利市一封，利市封内装着50元或者100元的现金券一张，而顾客在使用截止日期前到本店购买任何首饰出示此现金券，即可获得相同面值的优惠。

注意：优惠券上必须注明现金金额、使用方法、使用日期、盖章、复印无效及最终解释权等细节内容。

2. 活动人员安排

派发人员：1～2员(注：营业员充当)。

3. 活动时间

2006年12月13日—20日。

(四)真情大回馈之四——“圣诞献礼,‘某珠宝’与您共挡风雨!”

在过去的一年中,广大的消费者陪伴着我们“某珠宝”成长,所以,“某珠宝”在一周年庆活动期间,送出大量的遮风挡雨器具,与您共挡风雨。

1. 活动说明

凡在活动期间,进店内购买首饰(包括折扣产品)均可以获得圣诞帽子、圣诞小鞋子、圣诞手套、雨伞、披风等遮风挡雨器具。

购买200元以下——赠送圣诞帽子、圣诞手套或者是鞋子,让您温暖过圣诞(出于成本的考虑,应该尽量多送圣诞帽子,其次是手套,最后是鞋子)。

购买201～1 000元——赠送雨伞一把,帮您遮阳挡雨。

购买1 000元以上——赠送披风一件,为您挡去冬天的风沙和细雨。

2. 活动时间:

2006年12月15—25日。

(五)真情大回馈之五——“圣诞开奖,豪礼送不停!”

1. 活动说明

凡在周年庆期间,购买任何首饰均可获得抽奖券一张,购买得越多获得的抽奖券则越多,开奖时间为:2006年12月25日18:00或者19:00。

2. 奖项设置

一等奖:获得价值1 000元的K金镶嵌钻石吊坠1件(1名)。

二等奖:获得价值800元的翡翠挂件1件(2名)。

三等奖:获得价值500元的K金镶嵌红、蓝宝石吊坠1件(3名)。

纪念奖:获得水晶手链1件(10名)。

3. 活动时间:

2006年12月25日。

六、宣传计划

(1)前期宣传时间

①车站候车亭广告:2006年12月1日—12月25日。

②杂志广告:2006年12月1日—15日。

③报纸广告:2006年12月1日—3日。

(2)中期宣传时间

①X-展架:2006年12月6日—25日。

②现场广播:在每个活动开始之前的1～2个小时。

(3)后期宣传

活动过后的宣传对整个公司的品牌形象也是非常重要的,所以,在活动后期最好是做些必要的宣传活动;

①X-展架:可以在店外悬挂1～2个展架,主要是写感谢之词。

②报纸宣传:活动过后可以在报纸上以小篇幅的内容向广大消费者报道此次活动的

反响。

七、经费预算

(一)"您的忧心，我们为您安心!"

费用项目	费用
鉴定人员	200 元/天 * 天数
桌子+绒布	300 元
仪器	用已有的鉴定仪器
其他	200 元
总计	1 500 元(按 5 天计算)

(二)"翡翠 DIY——您手艺，我欣赏!"

费用项目	费用
翡翠原料(2 元/粒)	2 元/粒 * 500 粒=1 000 元
绳子(0.5 元/根)	0.5 元/根 * 500 根=250 元
编织人员	专业人员:100 元/天 * 天数
其他	200 元
总计	1 750 元(按 3 天计算)

(三)"购物有礼，'某珠宝'与您共挡风雨!"

费用项目	费用
圣诞帽子	3 元/顶 * 100 顶=300 元
圣诞鞋子	5 元/对 * 50 对=250 元
圣诞手套	8 元/对 * 50 对=400 元
雨伞	20 元/把 * 30 把=600 元
披风	30 元/件 * 30 件=900 元
总计	2 450 元

问题讨论：珠宝促销方案主要由哪些内容？重点是什么？

______

______

______

8.1.2 知识链接

促销(promotion)是指企业通过人员推销或非人员推销的方式,向目标顾客传递产品的存在及其性能、特征等信息,帮助消费者认识产品所带给购买者的利益,从而引起消费者的兴趣,激发消费者的购买欲望及购买行为的活动。促销本质上是一种通知、说服和沟通活动。

促销组合指履行营销沟通过程的各个要素的选择、搭配及其运用。促销组合的主要要素包括广告促销、人员促销和销售促进以及公共关系。

1) 广告的作用

“广告”二字,从中文字面上理解是“广而告之”。广告指法人、公民和其他经济组织为推销商品、服务或观念,通过各种媒介和形式向公众发布的有关信息。广告的主要作用如下:

■ 传播市场产品信息。具有传播产品信息功能的行业或渠道很多,最主要的就是广告信息渠道。

■ 广告是企业竞争的有力武器,既是企业提高品牌知名度、产品知名度的有效武器,也是促进产品销售的法宝之一。企业通过广告宣传,传递产品的信息,使消费者了解、喜欢继而购买企业的产品。

■ 广告可以引导消费,刺激消费,甚至创造需求。例如国内的钻石市场已经发展成为世界第二大钻石市场,戴比尔斯多年的钻石广告宣传推广功不可没。

■ 广告还起着美化环境、教育人的作用。广告也是一种艺术,好的广告能给人以美的享受,能美化市容,美化环境。同时,广告内容设计得当,有利于树立消费者的道德观、人生观及优良的社会风尚。

(1)广告媒体类型

①报刊广告。

■ 报纸广告。报纸广告的优势是:覆盖面宽,读者稳定,传递灵活迅速,新闻性、可读性、知识性、指导性和纪录性“五性”显著,白纸黑字便于保存,可以多次传播信息,制作成本低廉等。报纸广告的局限是它以新闻为主,广告版面不可能居突出地位,广告有效时间短,日报只有一天甚至只半天的生命力,多半过期作废。目前,各地主流的生活娱乐类的报纸以及珠宝业内报纸如《中国黄金报》等已成为珠宝企业首选的报纸广告媒体。

■ 杂志广告。杂志广告是指利用杂志的封面、封底、内页、插页为媒体所刊登的广告。杂志广告的优势是:阅读有效时间长,便于长期保存;内容专业性较强,有独特的、固定的读者群,如珠宝杂志、时尚杂志、钟表杂志等;有利于有的放矢地刊登相对应的产品广告。同时杂志广告也有其局限性:周期较长,不利于快速传播。由于截稿日期比报纸早,杂志广告的时间性、季节性不够鲜明。目前,珠宝业内的杂志主要有《中国宝石》、《中国宝玉石》、《中国黄金珠宝》、《中外首饰时尚》等,此外时尚类杂志如《VOGUE》、《ELLE》、《芭莎》等也成为珠宝企业青睐的杂志广告媒体。

②电视广告。

电视广告的优势很明显。它收视率高,插于精彩节目的中间,观众为了收看电视节目愿意接受广告,虽然带有强制性,但观众一般可以接受。电视广告形声兼备,视觉刺激强,给人强烈的感观刺激。而且看电视是我国家庭娱乐生活的一项主要内容,寓教于乐,寓广告于娱乐,收视效果佳,其广告效果是其他广告媒体无法相比的。著名广告人大卫·欧格威无不自豪地说:“如果给我 1 小时的时间做电视广告,我可以卖掉世界上所有的商品。”电视广告的局限性也很明显,主要是电视广告制作成本高,电视播放收费高,而且瞬间消失。电视做广告的高昂费用让小型企业无力问津。目前,部分珠宝企业已经开始投放电视广告,如“周大福”、“爱迪尔”、“周大生”、“千禧之星”等。

③广播广告。

广播广告是指利用无线电或有线广播为媒体所播送传导的广告。由于广播广告传收同步,听众容易收听到最快最新的商品信息,而且它每天重播频率高,收播对象层次广泛,速度快,空间大,广告制作费也低。广播广告的局限性是只有信息的听觉刺激,而没有视觉刺激。据估计,人的信息来源 60%以上来自于视觉,而且广播广告的频段相对不太固定,需要经常调寻,也妨碍了商品信息的传播。由于广播缺乏视觉刺激的局限性,不太适合珠宝类产品。但少数珠宝专业卖场会通过广播媒体来传播卖场的促销信息。

④户外广告。

户外广告主要包括:路牌广告(或称广告牌,它是户外广告的主要形式,除在铁皮、木板、铁板等耐用材料上绘制、张贴外,还包括广告柱、公路上的拱形广告牌等)、霓虹灯广告和灯箱广告、车体广告、候车亭广告、地铁广告、旗帜广告、气球广告等。珠宝企业多采用广告牌、地铁、灯箱、候车亭等户外广告媒体。在珠宝城、商场等醒目位置设立户外广告,能有效提高珠宝品牌的知名度,树立品牌形象,也能展示企业的良好实力。同时在商场、购物中心等地的户外广告也能起到比较好的区域招商拓展效果。

⑤网络广告。

网络广告指运用专业的广告横幅、文本链接、多媒体的方法,在互联网刊登或发布广告,通过网络传递到互联网用户的一种高科技广告运作方式。网络广告优势:传播范围广、感官性强(图、文、声、像)、交互性强、实时、灵活、成本低。缺点:受众范围局限,主要局限于上网一族。网络广告近几年发展迅速,据调查,到 2012 年,互联网广告支出份额将达到 17.0%,仅比占广告份额支出第二位的报纸低 2 个百分点,特别是网络视频、手机和社交网络到 2012 年将占据 32.0% 的互联网广告支出份额。

⑥邮寄广告。

邮寄广告(简称直邮广告 DM)是广告主将广告信息印刷成信件或宣传品,以指名方式直接邮寄给有可能购买的消费者的直接广告。通过邮寄的广告品有商品目录、商品说明书、宣传小册子、明信片、挂历广告以及样本、通知函、征订单、订货卡、定期或不定期的业务通讯等。邮寄广告以市场定位精确、针对性强、时效性强、个性化突出、保密性强、效果测定快、选择对象自由等特色受到人们的青睐。

⑦POP 广告。

POP(point of purchasing advertising)译为售点广告，即售货点和购物场所的广告。世界各国广告业都把 POP 视为一切购物场所(商场、百货公司、超级市场、零售店、专卖店等)场内场外所做广告的总和。

POP 广告的种类就外在形式的不同分为立式、悬挂式、墙壁式和柜台式四种；就内在性质的不同分为室内 POP 广告和室外 POP 广告两种。室内 POP 广告指售货场所内部的各种广告，如柜台广告、货架陈列广告、模特广告、圆柱广告、室内电子广告和灯箱广告。室外 POP 广告是售货场所门前和周围的 POP 广告，包括门面装饰、招牌、橱窗布置、传单广告、活人广告、招贴画广告以及广告牌、霓虹灯、灯箱和电子显示屏广告等。珠宝行业使用 POP 广告非常普遍，尤其在节假日促销期间。POP 广告能传递更丰富的产品和促销信息，珠宝画册、宣传资料、易拉宝、吊旗等的应用组合，就形成了覆盖珠宝卖场的磁场，让顾客一旦进入卖场，就能随时感受到广告传递的信息。

1）制定广告策略

(1)确立广告目标

广告目标是企业借助广告所要达到的目的，珠宝广告的目的主要如下：

■ 介绍产品，提高产品知名度。向目标市场介绍珠宝产品，使之更好地了解产品进而喜爱产品。

■ 树立企业品牌、形象。将企业的名称、品牌传递给目标人群，树立良好的形象，提高企业的知名度。

■ 直接扩大或尽快实现销售。广告本身并不能达成销售，但广告可以促使消费者产生购买欲望，刺激购买行为。

(2)确定广告预算

①销售百分比法。

销售百分比法即以去年广告费占销售额的百分比来确定今年的广告预算。计算公式是：广告预算＝计划期产品销售额×去年广告费占销售额的百分比。

百分比数据也可参照行业趋势确定，即按所广告的产品所在行业的一般广告费用水平来确定本企业产品的广告预算。例如化妆品业广告费占销售额的比例为20％～40％。

②竞争对抗法。

是根据市场占有率，并参照竞争对手的广告费用水平来确定广告预算的方法。竞争对手参照法的主要优点是充分考虑了市场竞争状况，有利于企业巩固和提高其市场占有率水平。缺点是竞争对手的有关数据难以获得；如果主要竞争对手在广告上投入不足或过多，此法可能导致企业犯同样的错误。此外，此法没考虑企业可用资金这个实际因素。

③量力而行法。

根据企业的财力状况，将可以投入广告的费用全部投入广告中。大多数珠宝企业偏爱此种方法。

(3)选择广告媒体

不同的广告媒体有不同的特性，企业在投放广告时需要正确选择广告媒体，否则将影响广告效果。广告媒体的选择主要考虑以下几个因素：

①产品特性。

对于珠宝产品，消费者更多关注的是外观和佩戴效果，这就需要借助具有强烈色彩和视觉效果的宣传媒体，使用电视媒体、报刊、户外、网络等广告媒体就比较合适。

②目标顾客的媒体接触习惯。

广告的目标群体就是所广告产品的购买者以及潜在购买者。企业在选择广告媒体的时候也必须了解目标顾客经常接触的媒体、信任的媒体，这样既可以准确将信息传递给目标群体，又可以节省有限的广告费用。

③媒体的传播效果及费用。

不同广告媒体传播效果不同，费用也有高低之分。例如珠宝企业在选择电视媒体时要充分考虑媒体的收视率、观众构成、覆盖范围、媒体信任度以及投放费用等，选择最适合企业的广告媒体。

【案例 8－2】

金嘉利珠宝山西大同店全方位推广模式（节选）

广告宣传

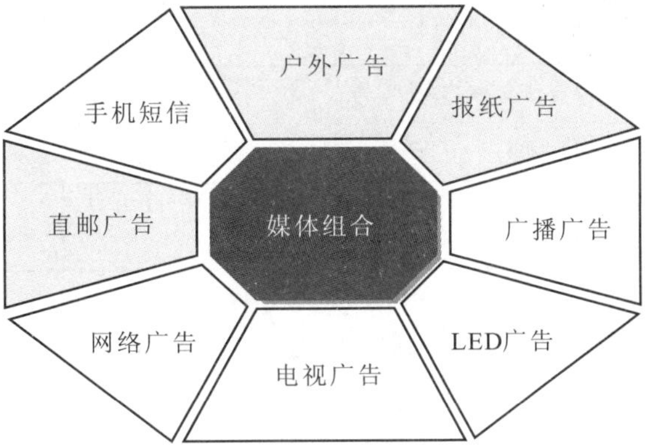

广告宣传策略

◆广泛传播与精准化传播相结合，针对不同人群，传播内容、传播载体实行不同组合；针对同一类人群，多种媒体同时覆盖到达。

◆强化大众媒体的运用，后期加大电视媒体的运用，覆盖整个核心消费人群。

◆同时配合分众媒体的运用，如 DM、手机短信等精准化传播，节约传播成本。

（1）电视——大众传播的代表。在整个金嘉利推广过程中，电视、报纸、广播、LED、户外等媒体均为大众传播方式。

➢电视角标投放

投放信息	品牌＋新款发布会		
	买钻石，就去金嘉利！	山西首家钻石宫殿 上万种时尚款式任您挑	“自由·璀璨” 2009年春季新款潮流秀
投放媒体	大同三套生活频道		
投放时间及频次	投放时间:2008年10月1日——2009年10月1日 投放频次:滚动播出		

➢电视字幕投放

投放信息	品牌信息:金嘉利钻石宫殿，上万种时尚款式任您挑选。宫殿般的购物环境，国际领先的五星钻石服务标准，让您的购物充满乐趣！ 新款发布会活动:12月24日，金嘉利钻石宫殿“自由·璀璨——2008年冬季新款典藏秀”将在金嘉利钻石宫殿隆重发布，将特邀XXX明星前来助阵，届时欢迎您大驾光临！咨询热线:2055568
投放媒体	大同三套生活频道
投放时间及频次	投放时间:2008年10月1日——2009年10月1日 投放频次:滚动播出

➢电视视频投放

投放信息	15秒电视广告＋5秒电视广告
投放媒体	大同三套生活频道
投放时间及频次	投放时间:2008年10月1日——2009年10月1日 投放频次:滚动播出

(2)直邮——精准传播的代表。在进行有效传播、精准传播中，直邮、短信成为我们的有效方式。

直邮信息	品牌信息＋新品发布会邀请函＋产品目录 《金嘉利钻石保养手册》《金嘉利完全钻饰月刊》 “时尚送礼、钻石开门”＋代金券＋入会信息 金嘉利钻石宫殿标准名片
投放渠道	已有会员、老顾客(已有顾客资料库) 行业协会会员(企业家协会会员、全球通VIP俱乐部会员、高级健身、美容会所会员)(收集高质客户资源，建立顾客数据库) 政府机关公务员、教师、医生等
投放时间及频次	全年

2）人员促销

人员促销是指企业通过派出推销人员与顾客直接接触，介绍产品，促进和扩大销售。

（1）珠宝企业人员推销的设计

珠宝企业大多建立自己的销售队伍，使用本企业的推销人员来推销产品。销售人员主要分为两类：

①内部推销人员。

如企业展厅销售员、门店导购员等。展厅销售员一般在珠宝企业展厅接待顾客，以批发为主。门店导购员是在珠宝首饰门店进行珠宝首饰的销售，直接面对零售顾客。

②外勤推销人员。

如企业市场拓展人员，他们需要上门访问客户，甚至去外地进行推销，如裸钻推销员。

（2）人员推销的任务

推销人员的任务主要有以下几方面：

- 探寻市场。推销人员应该寻求机会，发现潜在顾客，创造需求，开拓新的市场。
- 传递信息。推销人员要及时向消费者传递产品信息，为消费者提供购买决策的参考资料。
- 销售产品。推销人员的主要任务就是将产品销售出去。
- 收集情报。推销人员在推销过程中还要收集情报，反馈信息。
- 开展售前、售中、售后服务。

（3）销售人员的激励

人员促销的效果不仅取决于销售人员的工作能力，同时取决于销售人员工作的积极性，而激励的核心职能是如何提高销售人员的积极性。对于销售人员的激励主要分为物质激励和精神激励两种。

①物质激励。

物质激励主要有工资、销售提成、奖金、福利等。珠宝企业主要采用的激励方式是销售提成，销售人员在完成销售任务的前提下根据销售额获得一定比例的提成。某些钻石零售企业还推出大钻销售的额外提成，即对于大于一克拉的钻石销售进行额外的提成。

②精神激励。

针对销售人员的激励主要有晋升、表扬、培训等。晋升的制度不仅可以留住和发展优秀的人才，更会调动员工的积极性，还可以激励业务的发展和企业的壮大。例如，由初级珠宝销售代表晋升为高级珠宝销售代表，由销售员晋升到销售主管，由主管晋升到经理等。级别的变化会增强销售人员的心理满足感和自我的认同感。珠宝企业可以设定一些奖项例如销售贡献奖，销售冠军、亚军、季军、最佳市场建设奖、最佳团队奖等，通过隆重的大会进行颁奖典礼。企业还可以给优秀销售人员提供各种培训的机会，既提高了销售人员的销售能力，又极大地激励了销售人员的士气。

【案例 8－3】

某连锁珠宝企业销售人员激励

某珠宝企业设计了针对销售人员的专业晋升通道：初级销售员—中级销售员—高级销售员—销售专家。这一晋升发展通道为销售人员晋升提供了更多的机会，销售专家相当于企业内部的经理级别，高级销售员相当于副经理，中级销售员相当于主管，他们与相应的管理级别享受同等的待遇。在设计销售人员晋升评价标准时，个人销售业绩占60%权重，团队销售业绩占20%权重，员工个人行为表现占20%权重。为了加大激励的时效性，将晋升周期设置为三个月，每三个月综合得分排名前20%的销售人员可晋升为高级销售员，排名前50%的销售人员（不含排名前20%的销售人员）可晋升为中级销售人员。一年中有三次获得高级销售员称号的员工，则晋升成为销售专家。这一晋升体系的设计，避免了基层管理人员因自身素质不高或近因效应、晕轮效应等主观因素产生的管理偏差，使优秀的销售人员可以凭自己的专长及业绩获得晋升机会。

除传统的培训方式外，将技能竞赛作为推动销售人员自主学习的手段之一。某珠宝企业每年举办一次全体销售人员参与的销售技能大赛，获得大赛冠、亚、季军的员工除了获得高额奖金外，还可赴欧洲总部参加为期一周的参观学习。竞赛的目的是鼓励员工在工作中自我学习，鼓励顶尖销售高手向其他员工分享销售心得，通过竞赛的方式让尚未进入顶尖高手行列的员工观摩学习，使任何一个级别的员工都有机会学习成长。竞赛分为销售技巧相关知识考试、销售技巧演练、销售心得分享、销售实战成果四个方面。由于人人都可以参与，这一竞赛极大地推动了销售人员专业知识的学习，推动了组织知识的分享，从而普遍地提升了销售人员的技能。

3）销售促进

（1）针对消费者的销售促进

针对消费者的销售促进是为了鼓励老顾客继续购买，促进新顾客购买，动员顾客购买新产品，引导顾客改变购买习惯，或培养顾客对企业的偏爱等。珠宝销售促进的常用方法有：

- 赠送：向消费者赠送相关饰品或物品，如买吊坠送项链等。
- 现金折扣：对珠宝首饰的价格打折扣，折扣的幅度一般从5%～50%不等。
- 有奖销售：是最富有吸引力的促销手段之一，因为消费者一旦中奖，奖品的价值都很诱人，许多消费者都愿意去尝试这种无风险的有奖购买活动。
- 优惠券：可以凭奖励券买一种低价出售的商品，或者凭券免费以示鼓励，或者凭券买某种产品时给一定优惠，各种抽奖也属此类。
- 现场秀：在销售现场由模特佩戴首饰现场展示，更加凸显首饰魅力，吸引眼球。
- 现金券：消费者在购买产品时可按照现金券所标示的金额抵扣所付金额
- 会员积分：实行会员制，消费金额转为积分，累计可享受相应的折扣或换购礼品等。

（2）针对中间商的销售促进

目的是鼓励经销商大量购买,吸引零售商扩大经营,动员有关中间商积极购存或推销产品。其方式可以采用:

■ 折扣。包括现金折扣和数量折扣。企业对于及时支付货款的中间商给予一定的现金折扣,对于购买数量较大的中间商给予一定的折扣。

■ 销售竞赛:根据各个中间商销售业绩,分别给优胜者以不同的奖励,如现金奖、实物奖、免费旅游、免费度假、免费培训等。例如一些珠宝企业在年终会召开经销商大会,表彰业绩优秀的经销商。

■ 费用补贴:企业帮助经销商更好的经营,给予经销商一定的营销费用补贴,如广告补贴、推广补贴等。

(3)针对销售人员的销售促进

鼓励销售人员推销产品,或促使销售人员积极开拓新市场。珠宝行业常见方式可以采用:

■ 销售竞赛。如有奖销售、销售提成、大钻额外提成等。

■ 免费培训。为销售人员提供各种培训,提高销售技能。

■ 旅游度假。对于优秀的销售人员给予国内外旅游度假的奖励。

【案例 8-4】

金伯利钻石店一天销售 30 万

2005 年 9 月 1 日,是金伯利钻石某专营店店庆七周年的日子,该店经过运筹帷幄,取得了辉煌业绩:当天销售直线上升,打破历史记录,将近 30 万元;店庆期间销售跟进 60 万元。对于一个不足 100 平方米的店铺来讲,真的是一个奇迹,将不可能演绎成了事实。

策划店庆活动主题,整体提高促销品位

此店庆活动主题定为"经历感动成长,相约店庆七周年"。凡在 9 月 1 日(即店庆当天)购买钻饰满 2 000 元以上者,即可成为金伯利幸运顾客,在以后每一年的店庆当天都可以来领一件超值礼品(价值上千元的红蓝宝石)。另外一个核心措施就是答谢老顾客,所有的老顾客在店庆当日都可以来领一份精美礼品。

让时尚与古典共舞,创造现场火爆人气

做现场促销活动,成功的第一要素是人气。店庆当天,珠宝秀、街舞、山地车特技表演、花木兰花鼓队这四种形式交替进行,使活动现场始终充满火爆人气,为店内带来了爆满的客源。珠宝秀、街舞是流行时尚,在当地属于不多见的,而花木兰花鼓队和三军军乐协奏在当地又有很好的群众基础,因为当地是古代女英雄花木兰的故乡,军队情结比较浓,这是他们早已比较喜欢的文化活动形式。

针对顾客消费群,加大产品促销力度,直接拉动销售增长

针对结婚购钻群体与追求时尚新款购钻群体,主推的是结婚钻戒的款式;

针对与当地金伯利钻石店共同生日的社会群体,准备的是"缘分礼";

针对黄金铂金首饰购买群体，推出了“黄金铂金按当日金价免费换钻石现金券”，满足他们既想少掏钱又想要钻石的心理；

对于喜欢打折的消费群体，对策是购钻石全场八折，一年仅此一天，平常的钻石售价至少是8.8折，这个机会实在难得；

针对喜欢赠品的消费群体准备了亚都加湿器、美的电磁炉、罗莱家纺等名牌礼品；

对于喜欢抽奖的群体，推出大奖三级跳，既刺激又有趣。

启动社会公益活动，制造品牌影响力

成功启动了“经历感动成长，救助困难学子义捐”大型社会公益活动。由金伯利钻石某专营店出资16 000元，向老家在当地和就读于当地的部分特困绩优生、特困生、困难生分别给予2 000元、1 000元、500元的捐助。此次义捐活动得到了当地市共青团委、教育局等政府部门和《京九晚报》、当地电视台、当地广播电台等媒体单位的大力支持和积极参与，使义捐活动一时成为当地的一个新闻关注热点，从而为金伯利钻石在当地市场赢得了超强而广泛的影响力。金伯利钻石在当地的知名度、美誉度、品牌形象都得到了空前的提高。

问题讨论：金伯利使用了哪些销售促进方法？对象是谁？

____

____

____

【案例8-5】

爱迪尔非凡团队

爱迪尔珠宝目前在中国拥有了300多个品牌网点，不仅覆盖省会都市，还远至新疆克拉玛依、高及西藏拉萨。

建立一个强势终端，打通销售穴道，舒经活络，实现整个加盟体系的持续提升和品牌复制，是爱迪尔珠宝一以贯之的终端发展理念。但各地珠宝市场自有不同的复杂情况，品牌往往鞭长莫及。服务消极、管理混乱、竞争疲软、业绩下滑、人员流失等种种原因限制着“非凡”终端的成长，有的加盟网点在长期“自耗”过程中只好“无奈”撤店；相反，形象统一、与总部互动频繁的终端网点却能够迅速提升，积累大量的忠实消费者。因此，只有打造一个强势终端，才能够持续盈利。

在强化终端运营的过程中，2011年爱迪尔在全国掀起打造“优秀美钻顾问团队”活动，对评选出的优秀加盟商团队给予表彰，极大地激励了加盟商。

爱迪尔珠宝年度 全国“优秀美钻顾问团队”

爱迪尔珠宝一年一度面向终端导购员的评优活动已在今年8月由公司总部隆重启动，今年的评优活动在以往评选优秀个人的基础上，新增加了“优秀团队”评选项目，旨在表彰我们工作在一线的导购团队，进一步激发终端导购员发挥团队智慧、共享团队成长的工作理念。

“珠宝”是美丽与奢华的代名词，从事珠宝导购工作，把这种珍贵的信物带给更多追求“精致美好人生”的人们，便是传递美的使者。回首2009年，我们有太多值得回忆与嘉奖的人和事迹，活跃在全国266个网点的爱迪尔珠宝导购员们，用自己的专业、智慧与热情充当着传递美的使者，因为她们的付出和努力，才让爱迪尔珠宝的产品和品牌文化得以更好地面向消费者。IDEAL

最佳团队第一名：吉林四平爱迪尔	奖金5000元	荣誉证书	奖牌	三星级“美钻顾问”	荣誉证书、银质荣誉徽章
优秀团队第二名：新疆阿克苏爱迪尔	奖金3000元	荣誉证书	奖牌	四星级“美钻顾问”	荣誉证书、9K金荣誉徽章
优秀团队第三名：四川成都爱迪尔	奖金2000元	荣誉证书	奖牌	五星级“美钻顾问”	荣誉证书、14K金荣誉徽章

最佳团队：吉林四平爱迪尔

团队领导人：史小为

团队成立时间：2006年12月9日

团队总人数：14人

月销售额突破300万

★ 团队销售业绩突出，整体执行力强。

★ 在提高团队凝聚力、维护团队稳定性方面采取了有效措施：注重营造一个充分沟通的氛围，竞选员工代表，并加强员工代表与领导层之间的沟通，为员工设立绿色专栏，尊重员工，并关心员工。让员工清晰组织的目标，并且指明方向，从而让员工认识到自己工作的目的和意义。

★ 团队的愿景：打造全市美誉度最高、货品款式最全、购物环境最舒适的钻石专卖场。

优秀团队：新疆阿克苏爱迪尔

团队领导人：李芳

团队成立时间：2008年4月30日

团队总人数：14人

年销售业绩突破700万

★ 该团队对爱迪尔企业文化有着深刻的理解：爱迪尔珠宝品牌主张——灵感成就非凡，企业要做大做强，需要一个又一个的灵感不断地喷涌，而这种喷涌一定是源于对生活的热爱、工作的追求、快乐的憧憬、美好的向往、梦想的追求……而灵感成就非凡、是鼓舞人们要心怀希望，不要轻言放弃，让生命在一个又一个灵感火花中更加绚烂、进而形成非凡魅力、让梦想成为可能。

★ 团队在当地商圈的影响力排名第一：1. 整体形象统一；2. 标准的服务礼仪；3. 唯一一家在当地珠宝行业有神秘顾客稽核的终端店面。

★ 团队共同的愿景：我们将全力以赴把爱迪尔品牌在祖国的西部城市做到家喻户晓、深入人心，每个员工都肩负着宣导和传递爱迪品牌文化的重任。山水流转，我心永系！

问题讨论：爱迪尔珠宝使用了哪些销售促进方法？对象是谁？

4）公共关系

公共关系，简称公关，是一个企业或团体为了适应环境的需要，争取社会各界的理解、信任和支持，树立企业或团体的良好信誉和形象而采取的一系列活动。对企业而言，公共关系的目的不是追求短期的、既得的销售量的增加，而是着眼于企业在社会中的良好信誉和长远利益。企业的良好信誉是无形的财富。因此，任何一个企业都必须通过公共关系，努力树立企业的良好形象和信誉，大力提高企业及其产品品牌的知名度，赢得社会公众的了解和赞许，这样才能立于不败之地。

（1）公共关系的职能

公共关系的主要职能如下：

■ 紧密联系社会各个方面，及时提供有关信息。

企业与社会有关团体、政府部门、消费者以及新闻界保持密切地联系，听取他们的意见，及时地向企业股东、员工提供准确的信息，创造更好的产品和企业信誉。

■ 调查和了解公众的态度，及时进行信息反馈。

企业通过公关活动，了解和掌握社会团体、舆论界及消费者对企业的认识、态度和反应，将这些情况综合整理，及时反映给企业的决策中心，这对于企业制订和调整市场营销计划将起到积极的促进作用。

■ 布置公关活动方案，提供建议和忠告。

公关活动是积极的、主动的、富有预见性和创造性的工作。它应根据企业的营销总目标，制订和布置公关活动方案，协调企业与社会各方面的关系。同时，还应在调查和分析公众舆论和态度的基础上，向企业的有关部门提供建设性意见和忠告，避免企业的某些行为引起公众的不满，损害企业的形象和信誉。

■ 接待来访的顾客，消除顾客的不满。

接待顾客来访，听取他们对企业及产品的意见，解答他们的疑问，消除他们的不满。为此，企业通常将相关电话号码公布于众，由专人来解答顾客的各种询问。

■ 为树立企业的良好形象和信誉服务。

这是公共关系的主要任务之一。企业通过向社会宣传企业及企业的产品，积极参加社会公益活动，密切联系社会公众和团体，可以在社会上扩大企业的影响，提高企业产品的知名度，从而为企业树立良好的形象和信誉。

(2)珠宝企业处理公共关系的主要方法

珠宝企业公共关系按其公关目的可以分成业务拓展公共关系、关系维护公共关系和危机公共关系三类，主要公共关系方法如下：

①业务拓展公关方法。

珠宝企业可以召开新闻发布会、各种媒介宣传、记者招待会、新产品推介会、周年庆典、嘉年华会等，吸引公众，树立形象；参加、组织各种珠宝业内展览会、展销会等；积极为媒体提供新闻稿或材料、特写文章和照片，制造“新闻事件”；投资拍摄相关电影和电视片；赞助福利、慈善和其他公益事业。如很多知名珠宝企业都捐资修建希望小学，赞助珠宝设计大赛、影视节目、珠宝技能竞赛等。

②关系维护公关方法。

关系维护公关重在与社会各界维持一个良好的关系，珠宝企业可以印发公关刊物、宣传册，制作视听材料，进行网站宣传及网站合作；开通顾客免费服务咨询热线、投诉电话、意见箱等；组织义卖、义务服务项目；对社会大众的意见进行总结反馈。

③危机公关方法。

所谓危机公关，就是在由于企业管理不善、同行竞争甚至遭遇恶意破坏或者是外界特殊事件的影响而给企业或品牌带来危机时，企业针对危机所采取的一系列自救行动，包括消除影响、恢复形象。珠宝企业经常面临的危机公关是质量问题，比如黄金成色不足、鉴定证书问题等。珠宝企业要本着诚信的态度，组织现场新闻、争取公正同情报道，进行新闻跟踪，积极协调解决方案，必要时企业可以公开召回问题产品。

【案例 8-6】

“周生生”危机公关

2010 年 11 月 19 日，北京市工商局公布了 56 款问题首饰，其中由周生生(中国)商业有限公司北京分公司生产的 18K 金手链，因含金量不达标被曝出。

一开始，周生生公司以“个别事件”为由，拒绝对已购买相关产品的消费者作出赔付。随后周生生公司于 2010 年 11 月 28 日发表声明称可退 54860B 款号的 18K 金手链，时间为当月月底之前。周生生公司已经对旗下所有 K 金产品全国下架，而购买了上述 18K 白金手链及其他周生生非镶钻 18K 金手链的大陆地区消费者，可前往办理退货手续，且退货时间延长至 2010 年 12 月 31 日。消费者可凭《货品保证单》连同货品，到周生生大陆地区任何分店办理退货手续。

同时，“周生生”在声明中称，问题手链已于当年 6 月底在全国范围停售，并表示，如果消费者对其他款 18K 金非镶嵌类手链有疑虑，公司也以同样程序接受退货。声明还称，“周生生”近期对所有 K 金产品进行下架自检，并已委托国家权威机构对全部 K 金产品进行检测，检测合格后才能重新上市销售。

问题讨论：周生生面对质量危机是如何进行公关的？效果如何？

____

____

____

【案例 8－7】

“I Do”的经典公关

“I Do”是 HIERSUN(恒信)钻石机构旗下的珠宝品牌，长期致力于钻石文化的建立和传播。秉承“用珍稀的，为珍惜的”品牌精神，“I Do”致力成为爱情的永恒见证。

“I Do”长期致力于公益慈善事业。在 2012 年 3 月 22 日举行的第二届“一路有你”慈善晚会上，“I Do”特别捐赠“香榭之吻”系列之大师纪念版钻戒作为拍品，与歌手那英的演出华服共同拍出了 200 万元的全场高价。所筹善款将全部用于中国扶贫基金会的小额信贷、新长城特困高中生自强班、善行非洲、筑巢行动四个公益项目。

各大时尚颁奖典礼、潮流盛典以及影视作品中，也常常可以看到“I Do”的瑰丽身影。2011 年“I Do”作为巴黎时装周唯一的珠宝品牌赞助商受邀出席法国巴黎时装周“China in Paris(中国创意在巴黎)”启幕酒会。由中影集团斥巨资打造，影星李冰冰、孙红雷合作的时尚爱情电影《我愿意 I Do》是中国首部以珠宝品牌命名的大制作电影。“I Do”还作为珠宝赞助商，产品出现在多部影视作品中，如蓝正龙和韩国女星韩彩英联袂主演的年度贺岁都市喜剧《巨额交易》、时尚都市情感剧《男人帮》、电影《跟我的前妻谈恋爱》等。

2011 年 12 月 3 日，“I Do”与全球钻石权威品牌 Forevermark 永恒印记携手，与 2011 年最幸福的新娘、著名影星董璇一起带着爱情的喜悦以及新年的祝福来到了北京君太百货。以“璇动新年，大声说爱”为主题，与热情的粉丝们分享了最珍贵的幸福心得，并为“I Do”的幸运会员献上了新年梦幻大礼。

2011 年“I Do”携手北京银行推出联名信用卡。作为首款珠宝饰品类信用卡，该卡除了具有信用消费、存取现金和转账结算等基本功能，还设有两款质感卡面，更独享专属价格折扣、多重赠礼、双倍积分等多项钻饰消费优惠。持卡人不仅在“I Do”指定店面可享受 VIP 优惠礼遇，还为情侣们打造了多项婚庆主题温馨服务。

“I Do”在 2010 年 6 月推出了“信物 · 爱旅”博客征文活动，一对可爱的小夫妻获得了此次活动的特等奖“I Do 真爱之旅”之阿联酋迪拜。在“I Do”的祝福中，他们带着自己的爱情故事，带着他们相守一生的爱情誓言启程，开始了天堂般的迪拜之行。

问题讨论：“IDO”珠宝一系列的公关行动对企业的发展到起了什么作用？

8.1.3 任务实施

工作任务：制定情人节促销方案。

某珠宝已在深圳成功开设了品牌旗舰店及加盟店。情人节即将到来，而情人节是各珠宝品牌促销的重头，面对激烈的市场竞争，需制定行之有效的促销方案。

实施步骤：

- 讨论确立情人节促销目的。
- 市场调研，确定具体的广告促销、人员促销、销售促进、公共关系的方法。
- 讨论确定进度安排、人员分工及质量控制措施。
- 撰写情人节促销方案，方案要求及评分标准见表 8－1。

表 8－1 方案要求及评分标准

指标	内容	权重
促销目的	目的明确	25%
促销方法	促销方法有新意	35%
预算	预算可行	30%
文字	文字规范简洁	10%

8.2 设计企业年度珠宝促销活动方案

8.2.1 案例解析

【案例 8－7】

金嘉利珠宝某加盟店年度促销方案

根据全年的节假日分布，金嘉利珠宝将全年活动划分为三大块，具体说来如图 8－1 所示。

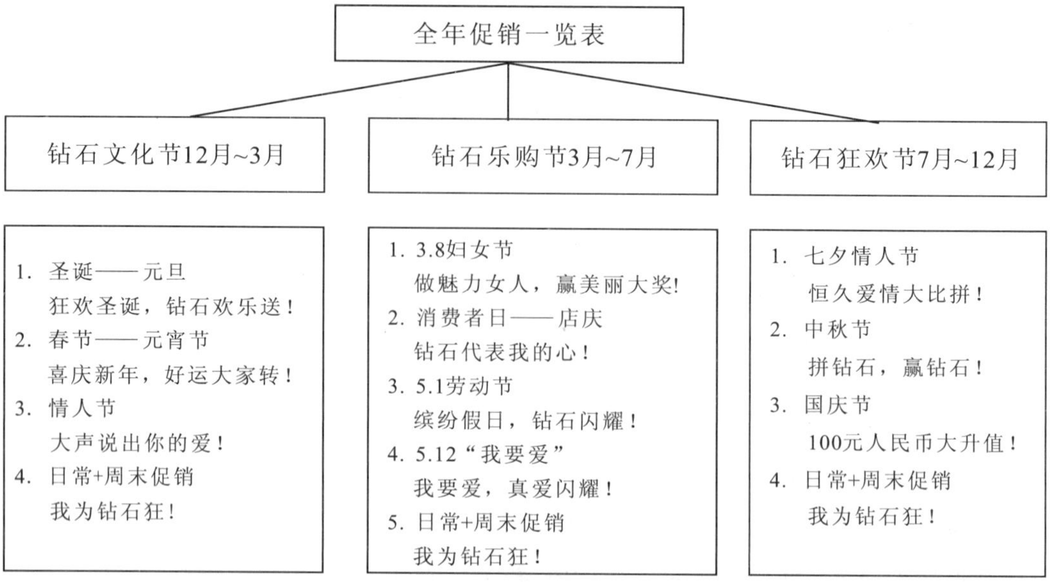

图 8-1 年度促销方案

问题讨论：年度促销方案需要考虑哪些因素？

8.2.2 知识链接

年度促销方案是指导企业促销活动的基本的、关键的计划。年度年度促销方案的主要内容如下：

1）摘要

摘要主要是简单描述目前的形势、选择的战略、制定的目标、主要的行动步骤和预算，方便企业高级管理人员快速链接主要内容。

2）市场形势分析

对当前的市场形势进行分析，主要包括销售分析（如销售数据、市场份额等）、竞争品牌分析（主要竞争优劣、竞争力等）、消费者分析（顾客需求、购买行为、满意度等）

3）促销目标

促销目标包括销售额、销售数量、市场份额、品牌知名度、利润等。

4）促销组合方案

主要内容包括广告促销、人员促销、销售促进、公共关系促销方案等。

5）预算

根据上述各种计划预算相应费用，编制预算表。

8.2.3 任务实施

工作任务：设计某珠宝深圳市场年度促销方案。

实施步骤：

- 讨论确定年度促销目的。
- 根据公司产品特点及目标人群确定促销主题。
- 市场调研，设计促销活动内容。
- 市场调研，确定促销预算。
- 撰写深圳市场年度促销方案，方案要求及评分标准见表8－2。

表8－2 方案要求及评分标准

要 求	权重
营销目的明确、营销定位准确	25%
策划有创意	35%
策划可操作性强、效果好	30%
文字规范、简洁	10%

主要参考文献

季辉，王冰. 营销理论与实务[M]. 北京：科学出版社，2011.

李东. 精心策划周年庆促销，钻石店一天销售 30 万[EB/OL]. 〈http：www. emkt. com. cn〉.

刘厚均. 营销策划实务[M]. 北京：电子工业出版社，2009.

曲建忠. 市场营销学[M]. 北京：机械工业出版社，2007.

王博，袁心强，孔进. 浅谈国内珠宝电子商务发展的现状和趋势[J]. 中国商贸，2012(4).

王昶，申柯娅. 珠宝首饰营销[M]. 第 2 版. 武汉：中国地质大学出版社，2011.

王倩，张妮. 中国珠宝业呼唤高端品牌 . 中国黄金报，2009－11－24.

吴宪和. 市场营销[M]. 上海：上海财经大学出版社，2006.

郄素琴，瑞红. 中国红了[J]. 中国黄金珠宝，2008(1).

姚丹，鲍丽娜. 市场营销实训教程[M]. 大连：东北财经大学出版社，2009.

智文学. 颠覆传统 戴维尼革新珠宝业销售模式. 中国商报，2011－10－11.

周生生等 56 款品牌首饰被曝不达标[J]. 中国品牌与防伪，2010(12).